KB140834

통하는 힘
관철력

TOSU CHIKARA – GO SIGN WO ERUKOTSU55 by Akihito Matsuo

Copyright © Akihito Matsuo, 2020

All rights reserved.

Original Japanese edition published by JIYU KOKUMINSHA Co., LTD.

Korean translation copyright © 2023 by Yeamoon Archive Co., Ltd.

This Korean edition published by arrangement with JIYU KOKUMINSHA Co., LTD.

through HonnoKizuna, Inc., Tokyo, and Korea Copyright Center Inc., Seoul

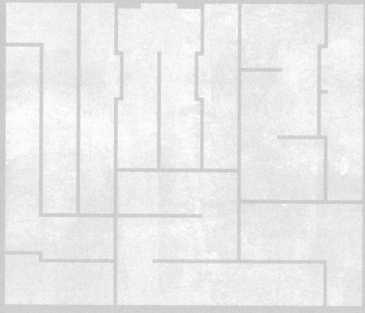

마츠오 아키히토 지음   이은혜 옮김

통하는 힘
관철력

매너 있고 뻔뻔하게
YES를 이끌어내는 55가지 기술

이 책은 프레젠테이션 등의 자리에서 목적하는 바를 이루는 방법, 즉 '관철력'의 비법을 소개하는 책입니다. 하지만 제가 하고 싶은 말은 단지 그것만이 아닙니다. 관철력은 여러분의 일상을 매우 즐겁게 만들 수 있으며, 조금 과장되게 표현하자면 인생을 바꿀 수도 있습니다. 왜냐하면 우리는 자신도 모르는 사이에 매일 다양한 협상을 하고 있기 때문입니다. 회사나 고객사에서 일할 때만이 아니라 배우자나 자녀, 친구, 연인과 있을 때도 무의식중에 관철력을 발휘합니다.

관철력이 인간관계, 아니, 인생 전체를 좌우한다고 해도 지나치지 않습니다. 따라서 관철력이 생기면 일이 잘 풀릴 뿐만 아니라, 전반적으로 원만한 인간관계를 유지할 수 있어 스트레스 없이 모든 일을 자기 생각대로 끌고 나갈 수 있습니다. 혹시 관철력에 자신이 없으시다면 반드시 이 책을 읽고 고민을 해결하시기를 바랍니다. 여러분은 단지 아직 방법을 가르쳐주는 사람을 만나지 못했을 뿐입니다.

　관철력이라고 하면 '상대를 굴복시키는 힘'이나 '상대에게 이기는 힘'이 떠오르십니까?

　하지만 상대를 굴복시켜 혼자만 승리하는 힘은 좋은 의미에서 관철력이라 할 수 없습니다. 상대방의 원한과 질투를 사고 괜한 분란만 초래할 뿐입니다.

　제가 소개하고 싶은 관철력은 주변 사람들의 이해와 응원을 받는, 즉 자기 뜻을 관철하기 위한 협상력입니다. 상대방도 기쁘고 자신도 이득을 얻는 방법. 그 요령을 한마디로 정리하면 '매너 있게 뻔뻔하기'입니다. 여기서는 매너가 먼저, 뻔뻔함이 그다음입니다.

이 책에서는 이렇게 말합니다.

'피라미는 버려라'

'숨겨진 욕구를 자극하라'

'하는 척이라도 좋으니 메모하라'

'거짓말도 전략이다'

'나를 대상으로 먼저 클로징해보라'

얼핏 치사해 보이는 항목들도 있지만, 모두 제가 직접 비즈니스 현장에서 배우고, 시행착오를 거듭하며 효과를 본 방법을 체계적으로 정리한 비법입니다.

지금부터 공개할 관철력의 구체적인 사례는 영업 사원이나 경영인만이 아니라 입사 1년 차 신입사원부터 관리직, 베테랑 사원, 임원까지, 일하는 모든 사람에게 도움이 되는 비즈니스 관련 평생 기술입니다.

물론 사적으로도 충분히 활용할 수 있습니다. 친구, 연인, 가족과의 관계에서도 인간의 사고방식은 크게 다르지 않습니다. 관철력이 생기면 인간관계가 당신에게 유리한 방향으로 원활하게 흘러가니 스트레스 또한 현저히 줄어듭니다.

　이 책을 계기로 독자분들이 항상 즐겁고 스트레스 없는 생활을 보내게 된다면 이는 저자로서 더할 나위 없는 기쁨이 될 것입니다.

마츠오 아키히토

목차

제1장 · 거절은 거절한다

제4장 · 뻔뻔해야 통한다

매너 있게 뻔뻔하기의
55가지 기술

고객사의 마음을 사로잡아야 하는 프레젠테이션이나 세일즈 미팅에서 내가 제안한 서비스나 상품이 처음부터 통과하리라 생각하는가? 솔직히 말하자면 '아마 통과하기 어려울 거야'라고 생각하면서 프레젠테이션 하는 사람이 많을 것이다.

왜 그런 생각을 할까? 자신의 제안이 받아들여질 것이라는 확신이 없어서다. 하지만 그럴 필요 없다.

당신의 제안 중 90%는 통과와 탈락의 경계선에 있다.

애당초 당신이 제안을 한 이유는 그만큼 상대방에게 득이 되기 때문이다. 나는 개인을 상대로 출판 관련 강의를 하면서 출간을 도와주는 출판 학교를 운영하고 있다. 내가 출판 학교를 세운 이유는 책을 내는 일이 한 사람에게 긍정적인 이미지를 부여하는 강력한 브랜딩 수단이 되는 것은 물론, 다양한 이점을 가져다준다고 확신했기 때문이다. 그래서 나는 세미나에 참가한 사람들에게 제안한다.

"책을 냅시다."

대학을 갓 졸업하고 처음 인력파견회사에 취업했던 내게 가장 어려웠던 일은 고객을 무작정 찾아가는 이른바 돌방 영업이었다. 처음에는 거절당하고 미움받을까 겁이 나서 상대의 회사를 찾아갈 용기가 나지 않았다.

100번을 찾아가 70~80번 거절당하면 70~80명에게 미움받는 것 같았고, 그 점이 두려웠다.

물론 나처럼 조금은 한심한 영업 사원이 있는가 하면, 반대로 실적이 좋은 이들도 있다. 어느 날 한 선배가 이런 말을 했다.

"100번을 찾아가서 90번 거절당했다면 10번은 좋아했다는 말이잖아. 생각을 그쪽에 집중해."

그 말을 듣고 나는 내 제안에 매력을 느끼는 사람이 반드시 존재한다는 사실을 알게 되었다. 또한 그 선배는 거절했던 90군데에서도 쓸 만한 사람이 없으면 먼저 연락해오는 일이 드물지 않다고도 했다.

이때 나는 상대방에게 매력적인 제안은 실로 통과와 탈락의 경계선에 있다는 사실도 깨달았다.

이 책을 펼쳐 들었다면 우선 이 점을 명심하기를 바란다.

'상대방이 매력을 느낄 만한 제안을 한다.'

이런 생각이 바탕에 있지 않으면 이 책은 아무런 도움이 되지 않는다. 반드시 서로에게 이득이 되는 제안을 해야 한다.

하지만 같은 회사에서 동일한 상품과 서비스를 취급해도 통과되는 경우와 그렇지 못한 경우가 분명 존재한다. 당신이 다니는 회사도 그렇지 않은가?

그렇다면 통과하는 사람과 탈락하는 사람의 차이는 무엇일까? 취급하는 상품은 같으니 분명 뭔가 차이가 있을 것이다.

그 차이는 바로 '매너 있는 뻔뻔함'이다.

사회인에게 매너는 필수다. 일본 예능인인 진나이 토모노리는 인터뷰할 때 의자 등받이에 기대지 않고 몸을 앞으로 당긴 자세로 진지하게 상대방의 이야기를 듣는다고 한다.

당신은 어떤가? 세일즈 미팅이나 회의에서 매너 있게 행동하는가? 상대가 '무례하다'라고 느끼지 않도록 하는 배려. 그것이 매너 있는 행동으로 이어진다.

옷차림을 생각해보자. 나는 보통 강연할 때 노타이 차림이지만 업계에 따라서는 넥타이 착용이 상식인 경우도 있다. 그래서 사전에 넥타이가 필수인지를 반드시 확인한다. 강연 요청을 받으면 상대가 부탁한 일이라는 생각에 자기 스타일을 우선하기 쉽지만, 이는 바람직하지 않다. 상대방이 예의 없다고 느끼지는 않을지를 먼저 생각해야 한다.

그리고 세세한 부분에서도 철저히 매너를 지켜야 한다.

명함을 주고받을 때 상대에게 받은 명함을 어떤 식으로 명함 지갑에 넣는가? 아마도 대부분 "네? 그냥 넣는데요"라고 대답할 것이다. 내가 아는 한 여성 대표이사는 명함은 그 사람과 같다는 신념을 갖고 있다. 그래서 명함을 상대방이라 생각하며 매우 정중히 명함 지갑에 넣는다고 한다. 자신이 건넨 명함을 정중히 다루는 모습을 보고 불쾌해할 사람이 있을까? 당연히 기분이 좋을 것이다. 꼭 이렇게 해야 한다는 것은 아니지만, 그만큼 명함 한 장이라도 꼼꼼히 신경 써야 한다는 말이다.

특히 연차와 서열을 중시하는 세대는 예의도 중요하게 여긴다. 세일즈 미팅에서 매너 없는 행동을 보이면 바로 '아웃'이다. 통과와 탈락의 경계선에 있던 제안이 탈락으로 기울어져 버린다.

그렇다면 매너 있게만 행동하면 제안을 통과시킬 수 있을까?

흔히 매너가 좋으면 프레젠테이션을 유리하게 이끌 수 있다고 하지만, 나는 그렇게 생각하지 않는다.

매너가 중요한 것은 누구나 알고 있는 만큼 이미 훌륭한 예의를 갖춘 사람은 많다. 그것만으로는 제안을 통과시킬 수 없다. 고객은 서비스나 상품의 장점을 쉽게 알아차리지 못한다. 조금 더 솔직히 말하자면 알고 싶어 하지 않는다.

제안의 90%가 통과와 탈락의 경계선에 있기는 하지만 상대방은 항상 거절할 이유를 찾고 있다. 어떤 일을 통과시키면 당연히 그에 따른 수고와 비용이 발생하고, 통과를 결정한 사람에게는 책임이 따르기 때문이다.

이런 상황에서 매너만 지킨다고 프레젠테이션에 거부 반응을 일으키고 있는 상대방의 마음을 돌릴 수 있을까?

이럴 때 바로 '뻔뻔함'이 필요하다.

당신은 뻔뻔함에 대해 어떻게 생각하는가? 제멋대로 행동하는 것이나 염치없는 행동처럼 부정적인 이미지를 떠올리는 사람이 많을 것이다.

하지만 상대에게 프레젠테이션 내용을 제대로 전달하려면 어느 정도의 뻔뻔함이 필요하다.

여기서 핵심은 애당초 상대는 내가 생각하는 것만큼 나를 뻔뻔하다고 생각하지 않는다는 점이다.

지갑을 잃어버린 친구가 내게 2만 원만 빌려달라고 한다면 어떻게 하는가? "그래, 여기" 하면서 아무렇지 않게 내어주지 않는가? 그런데 반대로 당신이 지갑을 잃어버렸다면 남에게 2만 원을 빌릴 수 있을까? 혹시 '그건 좀 염치없지 않을까' 하여 주저하지는 않는가?

이렇듯 행동을 하는 사람과 당하는 사람이 느끼는 뻔뻔함의 정도에는 큰 차이가 존재한다. 내 경험상 본인이 10 정도로 뻔뻔하게 굴었다고 생각했을 때 상대방은 2 정도로밖에 느끼지 않았다.

이런 차이는 자의식 과잉이 만든다. 조금만 뻔뻔해 보이는 소리를 하면 우리의 넘치는 자의식이 '너무 지나치다'라고 인식해버린다.

또한 당신은 뻔뻔하게 행동하면서도 철저히 매너를 지키고 있다. 그러니 상대방은 당연히 뻔뻔하다고 느끼지 못한다.

상대가 당신의 제안을 선뜻 받아들이게 만들려면 적당히 뻔뻔해져야 한다. 일단 상대방의 마음을 움직여야 제안이 통과할 확률이 훨씬 높아진다.

지금부터 '매너 있게 뻔뻔하기'의 기술 55가지를 소개한다. 제대로 잘 활용해 세일즈 미팅에서 승리를 거머쥐자!

제1장

거절은 거절한다

관 철 력

01

뻔뻔함 ■■■■■
매너 　■■■■□

피라미는 버려라

결정권이 없는 피라미에게 공들여봤자 시간 낭비다.
피라미는 잘 활용해 결정권자와의 연결고리로 만들어라!

신제품 영업에서 고객사는 대부분 사장이나 사업부장, 임원 같
은 '결정권자'의 승인을 얻어서 채택 여부를 결정한다. 사원인
담당자가 결재권을 가진 회사는 거의 없다고 봐도 좋다.

하지만 고객사의 창구 기능은 일반적으로 결정권자가 아닌
일반 사원이 담당하는 경우가 많다. 그래서 나는 소리 높여 외
친다.

'그런 일반 사원, 즉 피라미에게 공들여봤자 시간 낭비다!'

분명히 말하지만, 회의실에서 아무 권한도 없는 피라미에게
열심히 고개를 숙여봤자 의미가 없다. 누군가는 "그 사원이 상
사(결정권자)를 설득할 테니 시간 낭비까지는 아니다"라고 반론
을 제기할 수도 있다.

설사 그렇다 하더라도 역시 쓸데없는 짓이다.

만약 당신이 상대의 입장이었다면 열심히 상사를 설득할까?
적어도 그 제품에 대한 열정만큼은 영업 사원을 따라갈 사람
이 없다.

권한이 없는 사람에게든, 결정권자에게든 머리를 숙일 때 드는 비용은 비슷하다. 그렇다면 결정권자에게 직접 영업을 뛰어야 하지 않을까?

방법은 간단하다. 담당자에게 결정권자가 누구인지를 묻고 "인사 한번 드리고 싶습니다"라고 부탁하기만 하면 된다. '이번 제안은 특별히 신경 쓰고 있어서'라며 이유를 붙이는 것도 좋은 방법이다. 다만, "상사분께 직접 설명해 드리고 싶습니다"라는 말은 삼가자. 담당자의 기분만 상하게 할 뿐이다. 인사 정도라면 상대도 무조건 거절할 수는 없을 것이다.

결정권자에게 확실한 인상을 남겨라

그렇게 해서 실제 결정권자를 만나면 당연히 '인사'만으로 끝내서는 안 된다. 이때 당신의 인상을 확실하게 남기는 것이 중요하다.

내가 쓴 책을 들고 한 출판사를 찾아갔을 때의 일이다. 사장과 인사를 나눌 기회가 있었는데 그때 나는 이렇게 말했다.

"이번 책은 분명 2만 부는 팔릴 겁니다."

보통 이런 경우 '베스트셀러가 될 것'이라던가, '목표 판매량은 10만 부'처럼 일단 허세를 부리는 사람이 많지만, 나는 일부러 그렇게 하지 않았다. 그런 행동은 오히려 출판에 대해서 잘 모르는 사람이라는 인상을 줄 수 있다.

실제로 나중에 담당자에게 들으니 사장이 나에 대해 "현실적이고 야심이 있는 사람이다. 관심이 가는 사람이니 잘 지켜보자"라고 했다고 한다. 나는 사장에게 '좋은 사람'이라는 인상을 심어주리라고 다짐했다.

또한 결정권자를 소개받을 때는 반드시 담당자를 통해야 한다. 당연한 말이지만 담당자를 건너뛰면 상대가 불쾌해할 수 있고, 통과할 수 있던 제안도 실패로 끝날 수 있다.

반면 담당자를 통해 소개받으면 결정권자에게 '괜찮은 사람'을 추천했다는 좋은 평가를 받게 되고, 담당자의 회사 실적에도 도움이 된다.

그러면 담당자는 당신을 위해서가 아니라 자신을 위해서 일하고 있다고 생각하게 된다. 이때 이런 말을 건네보자.

"같이 노력해보시죠."

그러면 담당자도 의욕이 생겨 내 기획안을 통과시키려고 적극적으로 움직여 줄 것이다.

관 철 력

02

뻔뻔함 ■■■■■
매너 □□□□□

숨겨진 욕구를
자극하라

무언가를 구매하려고 할 때
사람이 보이는 겉치레와 속마음은 다르다.
겉으로 보이는 모습만 공략해서는
상대의 마음을 잡을 수 없다.
숨겨진 욕구, 진짜 속마음을 자극하라!

나는 출판 학교를 운영하면서 전문가나 다양한 컨설턴트, 기업인들의 비즈니스 서적 출간을 돕고 있다. 그들에게 출판은 당연히 자기 사업을 확장하기 위한 수단이다. 또는 부모님께 효도하고 싶어서 책을 내고 싶다고 말하는 사람도 있다.

출판 학교에 관심을 보이는 사람들과 모임을 했을 때 이런 일이 있었다. 한 남성 사업가가 이렇게 물었다.

"혹시 책을 내면 고객이 늘어난다는 것 말고 좋은 점이 또 있습니까?"

나는 이렇게 대답했다.

"작가는 여성분들에게 인기가 많습니다."

그러자 그는 "정말입니까?"라며 몸을 앞으로 당겼다. 그래서 나는 다시 말했다.

"그럼요. 책을 낸다는 건 그 정도의 힘이 생기는 일입니다."

일 년 후 그의 책이 무사히 출간되었고, 이를 축하하는 자리에서 그는 웃으며 털어놓았다.

"인기가 많아진다는 말이 동기부여가 되었습니다."

사실 작가가 인기가 많다는 말은 당시 출판 학교에 다닐까 말까 고민하던 그를 살짝 부추기려는 의도였다. 이렇듯 사람이 무언가를 구매할 때 보이는 겉치레와 진짜 속마음은 다르다.

출판을 예로 들어보면 '자기 사업을 확장하기 위해서'라는 이유가 겉치레에 속한다. 그리고 '인기를 얻고 싶어서'라는 이유가 다른 사람에게는 말할 수 없는 속마음이다.

속마음은 숨겨진 욕구라고도 할 수 있다. 그리고 이는 개인의 욕구를 채우기 위해 존재한다. 이 숨겨진 마음을 깨닫게 하면 인간의 구매 의욕을 빠른 속도로 끌어올릴 수 있다.

세일즈 미팅에서도 이 기술이 중요하다. 일단 겉치레를 앞에 내세우지만 속마음도 넌지시 건드리는 제안을 해야 한다.

업무 개선을 위한 제안을 할 때는 '근무시간 1시간 단축'과 같이 회사에 득이 되는(겉치레) 이야기를 하면서, "부장님도 일찍 퇴근하셔서 가족과 함께 저녁을 드실 수 있습니다"라고 상대방의 숨겨진 욕구를 자극한다. 이것이 정면 돌파보다 제안이 통과될 확률이 확실히 높다.

그래도 프레젠테이션에서는 어디까지나 겉치레를 전면에 내세워야 한다. 숨겨진 욕구인 속마음을 먼저 내걸면 체면 때문에라도 앞에서는 고개를 끄덕일 수 없으니 이 점에 유의하자.

관 철 력

03

뻔뻔함 ■■■■□
매너 ■□□□□

대놓고 아부하라

인간은 무조건 특별대우를 받고 싶어 한다.
예의상 하는 말인지 알아도 상대방은 기분이 좋아진다.
과감한 아부로 상대방의 마음을 사로잡아라!

보통 업무로 만난 상대와 주고받는 명함에는 핸드폰 번호가 적혀 있다. 하지만 나는 일부러 그렇게 하지 않는 전략을 택했다. 특정 상대에게 '아부'해야 할 때 도움이 될 듯해서였다.

구체적으로 말하자면, 오래 거래하고 싶은 사람과 명함을 교환할 때는 재빨리 명함 뒤에 펜으로 핸드폰 번호를 적었다. 그리고 이렇게 말했다.

"보통 핸드폰 번호는 알려드리지 않지만, ○○ 씨와는 긴 인연이 될 것 같아서요."

마치 연애의 기술처럼 보이기도 하지만 효과는 꽤 좋은 편이다. 인간은 누구나 특별한 대우를 받고 싶어 한다. '오직 나에게만 번호를 가르쳐주었다'라는 사실은 상대를 기분 좋게 만들어준다.

비행기의 퍼스트 클래스에서는 승무원이 "○○ 님"하고 이름을 불러준다. 이 또한 특별대우를 받고 싶어 하는 인간의 욕구를 채워주기 위해서다. 이코노미 클래스의 승객과는 다른 대우를 받고 싶어 하는 그들의 마음을 먼저 읽어내고 이름을 불러준다.

세일즈 미팅에서도 끊임없이 상대에게 아부해야 한다.

나는 내 책을 들고 출판사에 찾아가서 항상 편집자에게 이렇게 말한다.

"이곳에서 책을 내는 것이 꿈이어서 지금까지 계속 노력해왔습니다."

이 말을 한 번도 빼놓은 적이 없다. 이 책의 프레젠테이션을 할 때도 편집자에게 당연히 그렇게 말했다.

거짓말인지는 상대방도 안다

"그런 입에 발린 소리는 상대방도 알지 않을까요?"

이런 반론을 제기하고 싶은가? 맞는 말이다.

당연히 상대방도 자기 출판사가 아니어도 상관없다는 사실을 잘 알고 있다. 그렇다고 해도 그런 말을 들어서 기분이 나쁘지는 않다. 말도 안 되는 소리라고 생각하면서도 기분은 좋다.

특히 세일즈 미팅에서는 끊임없이 아부해야 한다.

"○○사는 알면 알수록 매력적이라 저도 팬이 되었습니다. 할 수만 있다면 그쪽에서 일하고 싶을 정도라니까요."

다만 아부할 때 한 가지 주의해야 할 점이 있다.

상대방의 기분이 상하지 않는 적정선을 지켜야 한다. 과장된 표현은 상대방이 생각하는 수준의 150% 정도가 적당하다. 200% 정도의 지나친 아부는 오히려 상대방의 기분을 헤칠 수 있다.

50대인 사람에게 젊어 보인다고 말하고 싶다면 몇 살로 보인다고 해야 할까? 우선 "40세 정도로 보인다"라고 말하면 과장 정도는 120%다. 이 정도로는 상대방이 기뻐하지 않는다. "20대로 보인다"라고 말해서도 안 된다. 뻔한 거짓말은 상대방의 기분만 상하게 한다. 그러면 바람직한 대답은? '30대 후반'이다. 예의상 하는 말인지 알면서도 기분이 좋아진다. 150% 정도의 과장, 이것이 핵심이다.

송죽매 법칙을 활용하라

타깃 상품 하나만 제안해서는 안 된다.
더 비싼 것과 더 저렴한 것 사이에
팔고 싶은 상품을 끼워넣으면
사람의 심리는 가운데 상품을 선택하게 되어 있다.

내가 운영하는 출판 학교의 일반 코스 수강료는 85만 엔 정도지만, 그 외에 매월 두 명에게만 제공하는 출판 풀 패키지 코스가 있다. 상업 출판을 보장해주고 대필 작가까지 붙여주는 강좌로, 수강료는 290만 엔 정도다. 비싸다고 생각하는가? 솔직히 나도 그렇게 생각한다.

그런데도 왜 290만 엔짜리 상담 상품을 만들어 놓았을까? 어떻게 해서든 책을 내고 싶어 하는 고객의 요청이 있었기 때문이었다. 하지만 진짜 중요한 이유는 따로 있다. 사실은 85만 엔짜리 일반 코스가 비싸지 않다고 느끼게 하고 싶었다.

이는 비즈니스 심리학의 기본이라 할 수 있는 '송죽매 법칙'을 따른 전략이다.

송죽매 松竹梅 법칙이란 인간에게 세 단계의 선택지를 제시하면 가운데를 선택하는 경향이 있다는 행동경제학의 법칙을 말한다. 이는 사람 특유의 심리와 관련이 있다. 일식집에 갔을 때 메뉴가 '송 코스 6만 원, 죽 코스 3만 원, 매 코스 2만 원'으로

나뉘어 있으면, 사람들은 보통 '죽 코스'를 선택한다고 한다. 이 때 인간의 심리는 다음과 같다.

'가장 비싼 메뉴는 좀 그렇고. 제일 싼 메뉴를 고르면 좀 없어 보일지도 몰라. 그럼 중간 메뉴가 가장 무난하겠지.'

그렇다면 '죽 코스 3만 원'과 '매 코스 2만 원', 이렇게 두 가지 메뉴만 있다면 어느 쪽을 선택할까? 대부분 2만 원짜리 매 코스를 선택한다.

선택지가 두 개라면 비싼 것은 피해야 하고 저렴한 것이 이득이라 느끼기 때문이다. 내가 출판 강좌에 290만 엔짜리 코스와 85만 엔짜리 코스를 만들어 둔 이유가 여기에 있다. 290만 엔짜리 코스를 신청할 사람이 많을 거라고는 생각하지 않는다. 다만 비싼 코스를 보고 85만 엔짜리 코스가 상대적으로 저렴하다고 느끼기를 바랐을 뿐이다.

세일즈 미팅에서 이런 심리를 이용하지 않을 이유가 있을까? 예를 들어 부동산 임대 영업을 하는 경우를 보자. 고객에게 임대료가 200만 원인 물건을 제안하고 싶다면, 그 물건만 단독으로 소개해서는 안 된다. 반드시 임대료가 500만 원인 더 고급스러운 물건과 임대료가 100만 원인 약간 허름한 물건을 같이 소개해야 한다. 아니면 나처럼 처음부터 임대료가 500만 원인 물건만 보여줘도 좋다.

단, 이때 소개하는 순서에 주의해야 한다. 임대료가 200만 원인 물건을 처음에 보여주면 다른 물건과 비교하지 않고 그 물건을 살지 말지만을 고민하게 된다. 처음에는 고급스러운 500만 원, 그다음에는 약간 허름한 100만 원, 그리고 마지막으로 200만 원인 물건을 소개해보자. 원하는 결과를 얻기가 보다 수월할 것이다.

관 철 력

05

뻔뻔함 ■■■■■
매너 ■■■

권위를 이용해
좋은 인상을 남겨라

인간은 권위에 대단히 약한 동물이다.
돈으로 살 수 있는 권위와
돈으로도 살 수 없는 권위를 철저히 이용해
첫 만남에서 우위를 선점하라!

05

내가 지금의 회사를 만들고 강의를 시작한 때가 2005년이었다. 당시에 경제적 여유가 없었는데도 무리해서 33개월 할부로 산 아이템이 있다. 바로 금으로 된 롤렉스 시계다.

33개월 할부까지 해가면서 롤렉스 시계를 산 이유는 첫 만남에서 수강생들에게 좋은 인상을 심어주고 싶었기 때문이었다. 금으로 된 롤렉스 시계를 차고 있으면 상대방은 나를 잘나가는 강사라 여길 테고, 그러면 나를 믿을 만한 사람으로 판단하리라 생각했다.

또한 강의나 세미나 장소로는 시내 중심가의 고층 빌딩을 골랐다. 좋은 곳에서 한다는 인상을 주고 싶었기 때문이다. 그곳의 이름은 '넥스트 서비스 세미나실 제1 스테이지'였다. '제1 스테이지'라는 말을 붙인 이유는 '제2도 있다'는 게 '인기가 많다'라고 생각하길 바라서였다(실제로는 한 군데밖에 없다).

인간은 권위에 대단히 약한 동물이다. 롤렉스 시계나 고층 빌딩, 세미나실 명칭도 다 회사에 권위를 부여하는 수단이다.

이와 같은 권위 부여는 세일즈 미팅에서도 큰 힘을 발휘한다. 첫 만남에서 좋은 인상을 심어주면 경쟁자보다 한발 우위에 선 상태에서 실제 프레젠테이션을 할 수 있다.

롤렉스 시계의 사례에서 알 수 있듯이 권위는 돈으로 살 수 있다. 연예인 기획사에서는 소속 연예인을 차에 태워서 현장에 가기 때문에 일부러 고급 밴을 몰고 가 잘나가는 것처럼 보이게 포장한다. 이 또한 기획사와 소속 연예인의 권위를 높이기 위한 전략 중 하나다.

돈으로 살 수 없는 권위는 더 큰 위력을 발휘한다

한편으로는 돈으로 행사할 수 없는 권위도 있다. 이런 권위는 돈으로 살 수 있는 권위보다 더 강한 위력을 발휘한다. 텔레비전이나 각종 미디어에서 '전 ○○ 출신'이라는 직함을 단 사람이 출연하는 모습을 자주 보았을 것이다. 이것이야말로 돈으로는 살 수 없는 권위다.

우리 출판 학교 수강생 중에 마이크로소프트와 IBM에서 임원까지 달았던 여성이 있었다. 내가 그 경력을 이용하자고 제안하자, 그녀는 "어디까지나 이전 직장일 뿐인데요"라며 거절했다. 실제로 이런 사람이 꽤 있다. 하지만 매우 잘못된 생각이다.

그 여성의 경력은 대단한 권위로 작용할 수 있다. 그 가치가 전해져야 비로소 사람들은 그 사람의 인간성에 눈을 돌리고 관심을 갖게 된다.

그렇게 설명하자 그녀는 "그렇군요. 활용할 수 있는 건 전부 해봐야겠어요"라며 자신의 이전 커리어를 무기로 삼아 프레젠테이션을 했고, 결국 책 출간의 꿈을 이뤘다.

자신의 경력을 되돌아보고 무기가 될 만한 것을 찾아보자. 혹시 내게 권위를 부여할 만한 재료가 없다고 생각한다면 주변 사람에게 나의 강점이 무엇인지 물어보자.

도쿄대학 졸업생 중에는 '도쿄대학 = 능력 있는 사람'이라는 이미지가 부담스러워 출신 학교를 일부러 말하지 않는 경우도 있다. 우리 출판 학교에도 도쿄대학 출신이 여럿 있지만, 그중 몇몇은 그 사실을 숨기고 싶어 한다. 나는 그들에게 항상 이렇게 조언한다.

"너무 아깝습니다. 나라면 티셔츠 뒤에 도쿄대 졸업생이라고 새겨서 입고 다닐 겁니다."

그 사람이 학창 시절 필사적으로 노력해서 손에 넣은 경력이다. '권위'로 활용하지 않을 이유가 어디 있겠는가!

핵심은 천천히,
낮은 목소리로 말하라

긴장하면 말이 빨라지고 목소리 톤이 높아진다.
하지만 상대방에게는 거짓말처럼 들릴 뿐이다.
의견을 잘 전달하고 싶다면 틈을 두고
천천히, 낮은 목소리로 말하라.

사람은 긴장하면 무심코 말이 빨라진다. 당연히 세일즈 미팅처럼 긴장이 최고조에 달하는 자리에서는 속사포처럼 말을 쏟아내기 쉽다.

그 외에 말이 빨라지는 상황이 또 있다. 바로 거짓말을 할 때다. 20세기를 대표하는 미국의 심리학자 폴 에크만Paul Ekman은 사람은 '두려움'을 느끼게 되면 말이 빨라진다고 주장했다. 말을 빨리해서 거짓말을 감추려고 한다는 것이다. 다시 말해 세일즈 미팅에서 말이 빨라지면 듣는 사람에게는 거짓말처럼 들릴 수 있다.

또한 말을 빨리하면 내용 자체가 가볍게 들린다는 단점도 있다. 그리고 발음이 정확하지 않으면 무슨 말을 하는지 이해하기 어려워 듣는 사람의 마음을 파고들지 못하기도 한다.

이처럼 말을 빨리해서 세일즈 미팅에서 얻을 수 있는 이점은 단 하나도 없다. 폴 에크만에 따르면 사람은 당황하면 목소리 톤이 높아진다고 한다. 확실히 사람은 긴장하면 말이 빨라질 뿐만 아니라 목소리 톤도 올라간다. 이 또한 듣는 사람의 귀에는 거슬릴 수 있다.

빠르고 높은 목소리는 단점 투성이

긴장한 나머지 높은 톤으로 빨리 말하면 백해무익하다. 일단이 말부터 가슴에 새기자. 세일즈 미팅에서는 무조건 천천히, 낮은 목소리로 말해야 한다.

그렇다면 얼마나 천천히 말해야 할까? 스스로 생각하기에 너무 느리지 않나 싶을 성도가 좋다. 그래야 상대방이 당신의 말에서 무게감을 느낀다.

그렇다고 해서 미팅 내내 천천히 낮은 목소리로 말할 필요는 없다. 그랬다가는 단순히 말이 느린 사람이 될 수도 있다.

이야기의 핵심에 도달했을 때 천천히 낮은 목소리로 말하자. 당신의 말에 무게가 실릴 것이다.

또한 세일즈 미팅에서는 말을 하는 중간에 뜸 들이듯 틈을 두어야 한다.

2001년 5월에 열린 일본 프로 씨름 경기에서 당시 총리였던 고이즈미 준이치로가 다카노하나 선수에게 우승컵을 수여하면서 "고통을 참아가며 잘 싸웠다. 감동했다!"라는 말을 한 적이 있다. 당시 이 말이 한참 유행어가 되었는데, 그 정도로 사람들의 기억에 남았던 이유는 고이즈미 총리가 말하던 도중 뜸 들인 부분이 절묘했기 때문이었다.

"잘 싸웠다"라고 말한 뒤에 잠시 숨을 고르고 나서 "감동했다!"라며 말을 이었다. 덕분에 "감동했다!"라는 말에 무게가 실렸고, 사람들의 마음을 움직였다.

이처럼 말하는 도중에 틈을 두면 상대방에게 생각할 시간을 줄 수도 있다. 세일즈 미팅에서 팔고 싶은 상품의 특징을 설명하고 그 후에 가격을 밝혔다고 하자. 만약 이때 틈을 두지 않고 "가격도 적당하죠?"라고 밀어붙이면 상대방에게 "그렇다"라는 대답을 듣기 어렵다. 오히려 강요당하는 듯한 느낌에 곤란할지도 모른다.

하지만 잠시 숨을 고르면서 틈을 두면 상대방에게 생각할 시간을 줄 수 있다. 그리고 적당한 타이밍을 잡아 "가격도 적당하죠!"라고 말한다면 상대방도 동의할 것이다.

관 철 력

07

뻔뻔함 ■□□□□□
매너 ■■■■■□

말은
상대방의 페이스에 맞춰라

계속 자기 페이스에 맞춰 말을 하면
상대방은 불편함을 느낀다.
말이 빠른 사람과 대화할 때는 말하는 속도를 올려라.
상대방이 편안함을 느낄 것이다.

07

앞에서도 이야기했듯이 세일즈 미팅에서는 이야기가 핵심에 가까워질수록 더 신경 써서 천천히 낮은 목소리로 말해야 하는데, 이는 자기 페이스에 상대방을 끌어들이는 것이다.

이야기가 핵심에 가까워졌을 때만 천천히 낮은 목소리로 말해야 한다고 한 이유는 계속 자기 페이스로만 이야기하면 상대가 불편함을 느끼기 때문이다.

그렇다면 핵심 부분을 제외한 다른 부분은 어떤 방식으로 말하면 좋을까? '상대방의 페이스에 맞춘다' 이 한 가지만 기억하면 된다. 상대가 한 명이라면 그 사람에게 맞추고, 상대가 여럿이라면 결정권자의 페이스에 맞춘다.

말을 상대방의 페이스에 맞춰주면 그 리듬에서 편안함을 느낄 것이다. 말이 빠른 상대와 대화할 때 이쪽도 같이 속도를 올리면 그들은 자신의 페이스대로 대화가 진행된다고 느낀다. 마찬가지로 말주변이 없고 목소리가 작은 사람이라면 이쪽도 그 페이스에 맞춰준다.

목소리 톤도 상대방에게 맞춘다

또한 목소리 톤도 상대방과 맞춰야 한다. 쇼핑몰에서 호객 행위를 하는 가게 직원들은 목소리 톤이 높다. 이는 주로 10~20대인 고객층에 맞춘 것이다. 40대 남성이 들으면 불편할 수 있는 목소리 톤이지만 젊은 여성들은 편안함을 느낀다.

반면 특급 호텔의 남성 직원은 주로 천천히 낮은 목소리로 말한다. 연배가 있는 고객의 톤에 맞추기 때문이다. 다른 한편으로는 경제적 여유가 없는 사람은 쉽게 접근할 수 없다는 분위기를 만들기 위해서이기도 하다.

뻔뻔함 ■■■■■■

매너 ■■■■■

하는 척이라도 좋으니
메모하라

상대방의 조언에는 "맞습니다"라고
호응만 하지 말고 메모하라.
"그 말씀 적어도 될까요?"라고 한마디 거들면 금상첨화!
상대방을 기분 좋게 만들어라.

세일즈 미팅에서는 상대방에게 조언이나 의견을 들을 때도 있다. 그때 대부분 상대는 무슨 생각을 할까? '나, 방금 꽤 멋진 말 하지 않았어?'라고 생각한다.

이때 상대방의 인정 욕구를 채워주면 기분이 좋아져 당신에게 호감을 느끼게 된다.

따라서 조언을 받았을 때는 절대 가볍게 넘겨서는 안 된다. 상대방이 '이 사람, 뭐지?'라고 생각할 수 있다.

그렇다면 "맞습니다", "그렇군요"라며 맞장구를 치면 어떨까? 세일즈 미팅에서는 대부분이 그렇게 한다. 나쁘지 않다. 하지만 상대의 인정 욕구를 채워주기에는 아직 부족하다.

상대방의 말을 메모하는 것의 포인트는 여기에 있다. "맞습니다", "확실히 그러네요"와 같이 호응하면서 동시에 '이런 건 배워야 한다'라는 표정으로 메모한다. 이때 표정이 중요하다.

여기서 상대방의 기분을 끌어올리는 기술이 하나 더 있다.

상대방이 좋은 의견을 내놓으면 일부러 이렇게 묻는 것이다.

"방금 하신 말씀 적어도 될까요?"

그러면 상대방은 당연히 "그러세요"라고 대답할 테고, 이미 기분은 하늘을 찔렀을 것이다.

물론 도움이 될 만한 의견이 없을 때도 있다. 그럴 때는 메모하는 척만 해도 괜찮다. 특별한 말이 아니라도 "맞습니다"라고 맞장구를 치고 노트에 '가나다라'라도 적어라.

결정적인 순간에 메모하라

다만 이 말 저 말 다 적으면 회의록이라도 쓰는 사람처럼 보일 수밖에 없다. 전반적으로 "맞습니다" 정도로 맞장구만 치다가 메모는 결정적인 순간에 해야 한다.

메모할 때는 종이 다이어리나 노트가 가장 좋다. 요즘은 스마트폰이나 노트북으로 메모하는 사람도 많이 늘었다. 하지만 회사나 세일즈 미팅에서 노트를 사용하는 방법을 좀 더 추천한다. 다만 상대방도 노트북으로 메모하고 있다면 이때는 사용해도 괜찮다.

하지만 스마트폰은 삼가자. 상대방이 '내 이야기가 지루한가?'라고 생각할 수 있다. 특히 연배가 있는 경우에는 아직 스마트폰을 보는 것을 성의 없는 행동이라고 보는 경향이 있다.

메모 전략은 현장에서 뿐만이 아니라 미팅 후에도 활용할 수 있다. 상대에게 감사 메일을 보낼 때 메모했던 말을 적어보자.

ps. 지난번에 '사회 공헌으로도 이어가고 싶다'라고 하신 말씀, 참 인상 깊었습니다.

이 한 문장으로 상대는 '이 사람은 내 이야기를 진지하게 들었구나'라고 생각하게 된다.

고작 한마디 말이지만 전체적으로 자신의 이야기에 귀를 기울여주었다고 느끼고, 이런 대응은 상대의 인정 욕구를 최대한으로 채워준다.

그 결과 당신은 만나볼 가치가 있는 사람으로 인정받고, 함께 일해보고 싶다는 요청을 받을 것이다.

시간 도둑이 되지 말라

당신과 만난 결정권자의 두 시간을 돈으로 환산하면
어느 정도의 가치인지 기억하자.
미팅에서 최대한 빨리 약속을 받아내
상대방의 시간을 뺏지 않도록 배려하라.

출판 컨설팅을 하다 보면 가끔 급하게 상담받고 싶다는 연락이 올 때가 있다. 어느 날 "3시간 정도만 시간을 내달라"라는 요청이 있어서 꽤 큰 건이라고 생각했다. 하지만 실제로 만나보니 상담 자체는 10분이면 끝날 내용이었다. 대화 내용의 80%가 의미 없는 소리인지라 '참 능력 없는 사람'이라 생각하며 안타까워했었다.

자신의 마음을 전하고 싶다는 생각이 강할수록 말할 때 군더더기가 많아지기 마련이다. 하지만 상대는 일부러 시간을 내서 나를 만나고 있다는 사실을 잊어서는 안 된다. 상대의 시간을 뺏는 '시간 도둑'은 되지 말자.

시간을 빼앗긴 사람은 기분이 좋을 리 없다. 특히나 상대가 힘을 가진 결정권자였다면 더욱 불쾌하다고 느낄 수도 있을 것이다.

근로 시간을 돈으로 환산해 본 적이 있는가? 연봉이 1억 원 정도인 사람의 시급은 대략 5만 원 정도다. 즉 두 시간 정도 회의를 했다면 상대는 10만 원을 들인 셈이 된다. 따라서 세일즈 미팅은 한 시간 안에 꼭 약속을 받아내겠다는 생각으로 임해야 한다. 상대가 아주 바빠 보인다면 30분도 충분하다.

시간이 길어지면 상대방은 '나도 뭔가 질문을 해야겠네'라는 생각이 들어 무심코 태클을 걸어올 수도 있다. 어쩌면 안 좋은 반응이 나올지도 모른다.

게다가 시간이 너무 길어지면 아무리 내용이 좋아도 지루해진다. 결혼식 주례를 생각해보자. 아무리 덕담이라고 해도 말이 너무 늘어지면 결국 별로 좋지 않은 인상만 남지 않는가? 같은 이치다.

이야기는 상대방이 조금 더 듣고 싶다고 생각할 정도에서 끊어야 가장 좋다. 그래야 다시 한 번 만나고 싶다는 생각을 하게 된다. 그렇게 만나는 횟수가 늘어나면 그만큼 서로 신뢰가 쌓여간다.

반면 이런저런 이야기를 전부 하다 보면 상대는 질려서 그만 듣고 싶어지게 되고, 서로의 관계는 평행선만 그리게 된다. 대화는 간단하게, 짧은 시간 안에 이야기하는 습관을 들이자.

관 철 력

10

뻔뻔함 ■□□□□
매너 ■■■■■

나중이 아니라
'지금 바로' 대답하라

고객에게 의뢰를 받으면
"지금 바로 하겠습니다"라고 대답하라.
나중으로 미루면 '열의가 없고 능력도 없는 사람'이 된다.

"이 자료, 엑셀로 정리해주겠나?"

상사에게 이런 부탁을 받으면 당신은 어떻게 행동하는가?

"네, 알겠습니다. 언제까지 필요하신가요?"

보통은 이렇게 대답하는 사람이 많을 것이다.

인간은 본능적으로 타인에게 바쁜 사람으로 보이려 한다. 그래서 "언제까지 필요하신가요?"라는 말로 자연스럽게 자신이 얼마나 바쁜지를 표현한다.

하지만 관철력이 있는 사람은 다르다.

어쩔 수 없이 꼭 해야만 하는 일이 있다면 그 일을 우선할 수도 있지만, 그렇지 않다면 "네"라고 대답하고 바로 그 일을 시작한다.

그렇게 해야 상대방이 기뻐하기 때문이다. 당신이라면 '나중에 하겠습니다'라고 말하며 자료를 옆으로 밀어 놓는 사람과 '알겠습니다'라고 말하며 바로 작업에 들어가는 사람 중 어느 쪽에 호감이 가겠는가? 당연히 후자다. '나중에'라는 말을 들었을 때보다 두 배는 기분이 좋다. 전자의 경우에서는 어쩌면 상대가 '뭐야, 내 부탁은 뒷전이네'라며 속으로 못마땅하게 생각했을지도 모른다.

또한 바로 행동을 취하는 사람은 능력 있어 보인다. "일은 바쁜 사람에게 시켜라"라는 말을 자주 듣곤 하는데, 이는 바쁜 사람일수록 업무를 효율적으로 처리하기 때문이다. 그만큼 일을 미루는 사람은 능력이 없는 것으로 보일 수 있다.

지금 하든, 나중에 하든 어차피 해야 할 일이다. 그렇다면 상대방이 기뻐하도록 지금 바로 하는 것이 낫다.

그리고 나중으로 미루면 잊어버리지 않도록 기억해두어야 하므로 이 또한 큰 스트레스가 된다. 머리를 복잡하게 만들지 않는다는 의미에서라도 바로 처리하자.

특히 세일즈 미팅에서는 '지금 바로'를 기본으로 삼아야 한다. 예를 들어 고객이 견적을 제출해달라고 요청하면 이렇게 대답하자.

"알겠습니다. 최선을 다하고 싶으니 저희 부장님과 논의한 후에 오늘 중에 제출하겠습니다."

이 말에서 상대는 당신의 의욕과 열의를 느낀다. 그리고 열심히 하고 있다는 생각과 함께 같이 하고 있다는 연대감을 품게 된다.

그렇다면 "일주일 후에 제출하겠습니다"라고 대답하면 어떨까? 상대는 "알겠습니다"라고는 하지만 아마도 당신의 열의는 느끼지 못할 것이다.

바로 처리하지 못할 때는 가식도 필요하다

세일즈 미팅을 하고 나서 일단 회사로 돌아갔다가 다시 회신을 보낼 때까지 일주일 정도 시간이 걸릴 때도 있다. 이때는 고객이 당신의 '바쁜 상황'을 인식하도록 어느 정도의 가식도 필요하다.

예를 들어 고객이 A4 용지에 쓰인 요청서를 건넸다고 하자. 바로 사진을 찍어 회사에 있는 상사에게 보내고 전화를 걸어 그 사실을 보고한다.

"하루라도 빨리 대응할 수 없을까요? 저도 지금 바로 회사로 돌아가겠습니다."

바로 답을 하지는 않더라도 눈앞에서 움직이는 모습을 보이면 고객은 당신의 열의를 느낀다.

'쇠뿔도 단김에 빼라'라는 속담이 있다. 상대가 먼저 한 요청이라도 말이 나왔을 때 행동으로 옮겨야 한다.

관 철 력

11

뻔뻔함 ■ ■ ■ ■ ■
매너 ■ ■ ■ ■ ■

그 자리에서 세 번 칭찬하라

세일즈 미팅에서 상대는 거절할 요소부터 찾는다.
따라서 내 이야기를 듣고 싶게 만드는 것이 먼저다.
본론으로 들어가기 10분 전에
넘치는 칭찬으로 상대방을 기분 좋게 만들어라.

11

내가 한 제안을 받아들이면 상대는 적지 않은 금전적 부담을 지게 된다. 그러니 미팅 약속을 잡은 순간부터 상대는 거절할 핑계를 찾고 있는 상태라는 점을 명심해야 한다.

따라서 세일즈 미팅을 할 때는 우선 상대방이 내 이야기를 듣고 싶게 만들어야 하며, 이를 위해서 본론으로 들어가기 전에 상대방을 기분 좋게 만들어야 한다.

어떻게 하면 좋을까? 어렵지 않다. 상대방을 마구 칭찬하면 된다. 그리고 물론 칭찬할 상대방은 결정권자다.

무엇을 칭찬하든 상관없지만, "손목시계가 멋지십니다", "그 넥타이 어디서 사셨어요? 디자인이 멋지네요"라는 식으로 패션에 관한 칭찬이 가장 무난하다.

고객 회사에 관한 칭찬도 좋다. "역에서 가까워서 참 편하시겠어요", "이 회의실은 넓어서 미팅하기 딱 좋네요"라는 식이다. 참고로 이 책의 출판사 회의실에는 게임기가 있었다. 당연히 그 점도 칭찬했다.

또한 부하직원을 내세워 결정권자를 칭찬하는 방법도 좋다.

"일정을 정리해주신 ○○○ 씨가 아주 친절히 대해 주셨습니다. ○○○ 부장님(결정권자)이 잘 지도해주신 덕분이겠지요? 하하하."

칭찬은 한 번으로는 부족하다. 상대가 칭찬받았다는 사실을 깨닫지 못할 수도 있다. 본론으로 들어가기 전, 10분간 세 번 정도가 적당하다. 단, 이때 넥타이가 멋있다고만 세 번 칭찬하면 짜증날 수도 있으니 각각 다른 부분을 칭찬해야 한다.

가끔 칭찬을 하면 불쾌한 표정을 짓는 사람도 있다. 30명에 한 명 정도가 그렇다. 내 경험상 그런 사람과는 일을 해도 거의 실패로 끝난다. 계속 관계를 유지하다 보면 나중에 당신에게 불이익을 줄지도 모른다.

그런 의미에서 본론으로 들어가기 전에 상대방을 칭찬하는 전략은 관계를 지속할 필요 없는 사람을 골라내는 리트머스 시험지 같은 역할도 한다.

제2장

최고의 무기, 자신감

관 철 력
12

뻔뻔함 ■■■■□
매너 ■■■□□

거짓말도 전략이다

물론 절대 거짓말을 해서는 안 된다!
하지만 상대방에게 상처 주지 않고
오히려 기분 좋게 만드는 거짓말은
유용하게 활용하자.

앞에서 세일즈 미팅에서 아부할 때는 거짓말을 적절히 활용할 수 있다(27쪽 참고)고 말했지만, 사실 그 외에도 이용할 수 있는 상황은 또 있다. 여기서 말하는 거짓말이란 바꿔 말하면 '과장' 이다. 진정한 의미의 거짓말이어서는 안 된다.

예를 들어 상대방이 납품 일정을 물었다고 하자. 사전에 사내 회의를 통해 이미 4일로 정해졌어도 대답은 이렇게 한다.

"납품은 원래 일주일 정도 걸리지만, 어떻게든 4일로 줄여보 겠습니다."

어떤가? 거짓말이라고 보는가? 그보다는 살짝 과장했을 뿐 이다.

이미 상사에게 허락받았더라도 그 자리에서 전화를 거는 척 하며 "어떻게 4일 안에 안 되겠습니까?"라는 식의 원맨쇼를 하 는 방법도 아슬아슬하게 지켜야 할 선은 넘지 않는 것이다.

잠시 자리를 비우는 방법도 있다. 견적으로 1,000만 원을 제시 했을 때 800만 원에 할 수 있는가를 타진해왔다고 하자. 이때

"전화로 상사와 협의를 해봐도 될까요?"라고 말한 뒤에 10분 정도 자리를 비웠다가 협의하고 온 듯 다시 통화한다.

또한 소품을 사용해 조금 과장된 연기를 할 수도 있다. 아침 첫 스케줄로 프레젠테이션을 할 때면 나는 자주 에너지 음료를 테이블 위에 놓아두었다가 단번에 들이킨다. 사람들의 시선이 집중되면 이렇게 말한다.

"아, 밤새워서 준비했거든요."

상대가 속으로는 좀 유난스럽다고 생각할지도 모르지만, 얼굴에는 미소가 번진다.

이런 소품은 회의 분위기를 부드럽게 하는 데도 도움이 된다. 이 책에 관한 회의를 할 때도 두 시간 정도 의논하고 잠시 쉬는 시간에 나는 자판기에서 음료를 샀다. 일부러 비타민 음료를 고르고는 이렇게 말했다.

"앞으로 한 시간은 더 힘내야 할 것 같아서요."

내 말에 편집자는 웃음을 터뜨렸다. 고작 2,000원으로 회의 분위기를 한층 부드럽게 만들 수 있었다.

다시 말하지만, 제품 성능을 조작해서 프레젠테이션을 하는 식의 거짓말은 해서는 안 된다. 아예 사회에서 매장당할 수도 있다. 거짓말(과장)은 절대 선을 넘어서는 안 된다. 이 책에서 소개한 범위 안에서만 하자.

감사 표현은
구체적으로 하라

그냥 '감사합니다'라는 말은 그 누구의 마음도 울리지 못한다.
구체적인 표현으로 '감사하는 마음'을 전해야
상대방에게 감동을 줄 수 있다.
미팅이나 메일에서 실천해보자!

13

고객에게 가장 많이 하는 말이 무엇일까? 바로 '감사합니다'이다. 당신도 아마 매일 '감사합니다'라는 말을 입에 달고 살 것이다. 당연히 이 말에는 고맙게 생각하는 마음이 담겨있다.

하지만 너무 일상적으로 사용하는 말이다 보니 듣는 사람에게는 별 감흥을 주지 못한다. '감사합니다'라는 말을 들었을 때 자신이 조금이라도 감동했는지를 생각해보자. 혹시 그저 귓가를 스치는 바람처럼 흘려듣지 않았는가?

그래서 나는 습관적으로 하는 '감사합니다'라는 말은 쓰지 않으려 한다. 상대방의 마음을 울리지 못하는 말은 세일즈 미팅을 포함해 그 어디에서도 힘이 되지 못한다. 진심으로 자신의 마음을 전하고 싶다면 좀 더 구체적으로 감사하는 마음을 전해야 한다. 미팅에서 명함을 교환할 때는 이렇게 말해보자.

"오늘 귀한 시간을 내주셔서 정말 감사합니다."

그냥 고맙다는 말로만은 부족하다. 구체적인 말을 덧붙여야 상대방의 마음을 울릴 수 있다.

세일즈 미팅만이 아니라 '감사합니다'라는 말을 해야 하는 모든 상황에서 조금 더 구체적으로 감사함을 표현해보자.

실제로 만났을 때만이 아니라 이메일에서도 마찬가지다.

'감사하다'라는 말로 마무리하는 것도 나쁘지는 않지만, 조금 더 구체적으로 마음을 표현해보자. 어떤 사람은 메일 마지막 줄에 늘 똑같은 표현을 복사해서 붙이기도 하지만, 말리고 싶은 방법이다. 형식적이고 무미건조해 보일 수 있다.

일을 의뢰할 때도 고마움을 표현하라

또한 상대에게 일을 맡길 때도 고마운 마음을 표현해야 한다. 고객의 입장이 되면 무의식중에 자신이 더 대단한 사람이라 생각하기 쉽다. 그러다 보면 감사 표현에 인색해진다.

하지만 이는 큰 착각이다. 당신은 절대 대단하지 않다. 시키는 일을 해서 회사에 이익을 가져다주는 사람일 뿐이다.

비즈니스는 한 번으로 끝나는 일이 아니라 관계를 계속 이어가야 하는 일이다. 당신이 고마워하는 마음을 전하면 상대는 '다음 일도 잘해야겠다'라고 생각하기 마련이다. 따라서 상대의 능력이 뛰어나면 뛰어날수록 겸허한 자세를 보여야 한다.

관찰력

14

뻔뻔함 ■□□□□
매너 ■■■■□

겸손은 노!
솔직하게 기뻐하라

상대방의 칭찬에 대한 지나친 겸손은
오히려 상대의 기분을 상하게 할 수 있다.
솔직하게 받아들이고 조금 과장되게 기뻐하면
거기서부터 소통이 시작된다.

고객과의 협의 자리에서 상대가 "굉장히 좋은 손목시계를 차셨네요"라고 말하면 당신은 어떻게 대답하는가? 아마도 "그리 좋은 것은 아닙니다"라며 겸손한 모습을 보이는 사람이 많을 것이다. 하지만 이런 대응은 좋지 않다. 나는 이렇게 대답한다.

"이 시계, 경차 한 대 값입니다. 이 일을 시작하면서 33개월 할부로 샀습니다. 기분 좋네요. 고생하던 시절에 큰맘 먹고 산 거라 제 작은 자랑거리랍니다."

사실 상대방도 딱히 하고 싶어서 한 말은 아니다. 어쩌면 그다지 관심이 없었을지도 모른다.

말은 소통이라는 놀이에서 사용하는 '공'이라 할 수 있다. 상대는 당신과 소통하기 위해 손목시계 이야기를 꺼낸 것이다. 그런데도 "그리 좋은 것은 아닙니다"라고 대답하면 대화는 거기서 끝나버린다.

애써 던진 공을 받아서 그대로 자기 주머니에 넣어버리면 상대가 어떻게 생각할까? '쓸데없는 말을 꺼냈구나' 하는 생각이 들어 당신을 그냥 재미없는 사람으로 치부해버릴지도 모른다. 즉 겸손함이 역효과를 불러온 셈이다. 그 후에 본론으로 들어가 프레젠테이션을 시작하면 이 겸손이 큰 타격으로 돌아올 수 있다.

하지만 상대의 말에 맞춰 대답을 돌려주면 그때부터 대화의 캐치볼이 시작된다. 그러니 기쁜 마음은 솔직하게 표현하자. 여기서 포인트는 '조금 과장되게' 기뻐해야 한다는 점이다. 그래야 상대가 당신을 유쾌한 사람이라고 생각한다.

"너무 젊어 보이십니다"라는 말을 들었다면 단순히 "감사합니다"라는 대답으로는 부족하다. 이렇게 말해보자.

"요즘 헬스장에 다니고 있거든요. 이러다 다시 20대 청년이 될지도 모르겠습니다."

세일즈 미팅에서도 상대에게 칭찬받았다면 기쁜 마음을 솔직하게 드러내자. "이 서비스, 상당히 좋아 보입니다"라는 말을 들었다면 "감사합니다"라고 말한 뒤에 이런 말을 붙여보면 어떨까?

"지난주 내내 기획서를 작성하느라 온 힘을 다 쏟은 보람이 있네요."

감정과 사실을 섞지 말라

제안을 거절당하면 상대방에게 부정적인 감정이 생길 수 있다.
그 상태로는 사실을 제대로 마주 볼 수 없다.
감정을 누르고 사실을 바라보면
제안이 통과될 수 있는 비결을 찾아낼 수 있다.

인간은 감정의 지배를 받는 동물이다.

당신이 싫어하는 사람이 누가 봐도 좋은 일을 했다면 어떤 생각이 들까? '위선'이라며 부정적인 생각을 하는 사람도 적지 않을 것이다.

그렇다면 좋아하는 사람이 같은 일을 했다면 어떨까? 그럴 줄 알았다며 큰 박수를 보내지 않을까?

감정과 사실이 마구 뒤섞인 모습은 옆에서 보면 참 바보 같아 보인다. 마치 마음에 들지 않는 작가의 신작을 두고 읽지는 않았지만 이 사람 소설이 재밌을 리가 없다는 리뷰를 쓰는 것과 같고, 재난을 당한 사람들을 위해 거액을 기부한 탤런트에게 인기를 끌려는 수작이라며 뒤에서 손가락질하는 것과 같다.

하지만 역시 사람은 무의식중에 사실보다 감정에 치우치기 마련이다. 그만큼 감정이 가진 힘은 대단하다. 그래서 나는 항상 '잠깐! 감정과 사실을 분리해서 생각해!'라며 스스로를 타이른다.

세일즈 미팅에서 당신의 제안이 거절당하면 어떤 기분이 들까? 실망하며 상대에게 반발하는 마음이 생길 수도 있다. 반드시 통과할 것이라 예상했었다면 '앞으로 두 번 다시 제안하나 봐라!'라며 무심코 화를 내는 사람도 있을 것이다.

감정을 조절해 다음을 노려야 한다

하지만 이런 상태로는 다음 기회를 노릴 수 없다. 상대가 제안을 거절했다면 거기에는 반드시 이유가 있다. 그리고 그 이유를 알면 갚아줄 기회도 생긴다.

그런데도 부정적인 감정만 안고 있으면 고객에게 거절한 이유를 알아낼 생각조차 하지 못한다.

반면 감정에 지배당하지 않고 거절당한 사실을 순순히 받아들이면 이렇게 물어볼 수 있다.

"혹시 다음을 위해서 어디가 문제였는지 가르쳐주실 수 없을까요?"

이유를 알면 제안을 재검토할 수 있다. 또한 상대에게 '매우 노력하는 사람'이라는 인상을 심어주어 복수의 기회를 얻어낼 수 있을지도 모른다. 어쩌면 그 회사에서는 실패했다고 해도 제안을 수정해서 다른 회사에서는 통과할지도 모른다.

제안이 통과했을 때도 감정을 조절해야 한다. 기쁜 마음에 들떠 바로 축배를 들고 싶겠지만 일을 잘하는 사람은 들뜬 기분을 일단 누른다. 그리고 고객에게 이렇게 말한다.

"감사합니다! 더 보안하고 싶은데 추가 의견이 있으시면 말씀해주세요."

어떤가? 이런 말을 들으면 상대방은 당신을 열의가 있고 노력하는 사람으로 생각할 것이다.

인간은 누구나 감정에 쉽게 지배당한다. 따라서 감정을 잘 조절하면 한 단계 더 성장할 수 있다.

뻔뻔함 ■■■■■■
매너 ■■■■■

'죄송합니다' 대신
'감사합니다'

말에는 혼이 깃들어 있다.
'죄송합니다'라는 사과의 표현 대신
되도록 '감사합니다'라고 말하라.
양쪽 모두 기분이 좋아지고
세일즈 미팅의 분위기가 무르익는다.

술집에서 점원에게 말을 걸 때 대부분 '죄송하지만'이라는 표현을 사용한다. 하지만 나는 이 표현을 쓰지 않는다. '죄송합니다'가 사과의 표현이기 때문이다. 나는 손님이고 가게의 매출을 올려주는 존재인데 어째서 사과해야 하는가?

대부분의 사람은 언어에 영적인 힘이 깃들어 있다고 믿는다. 이를 '언어의 혼'이라고 하는데 나 역시 그렇다고 생각한다. '죄송합니다'라는 말을 하고 나면 점점 더 미안해진다. 마치 상대에게 나쁜 짓을 한 것 같은 기분이 든다.

상대방도 '죄송합니다'라는 말을 들어서 기분이 좋을 리 없다. 의욕만 떨어질 뿐이다. 그래서 나는 '죄송합니다' 대신 '감사합니다'라는 표현을 쓴다. 우리가 별로 인식하지 못하고 있을 뿐, 우리는 일상생활에서 사과할 상황이 아닌데도 '죄송합니다'라는 말을 많이 주고받는다.

세일즈 미팅도 예외는 아니다. 약속을 잡고 고객을 만났을 때 뭐라고 하는가? "바쁘신데 죄송합니다"라고 하지 않는가?

사과하러 찾아간 것도 아닌데 말이다. 사실 "시간을 내주셔서 감사합니다"라는 말로 충분하다.

그밖에 서류를 건네받았을 때도 무심코 "죄송합니다"라고 말한다. 차를 내어주었을 때도 마찬가지다. 세일즈 미팅에서 이렇게 '죄송합니다'를 연발하면 분위기만 썰렁해질 뿐이다.

하지만 '감사합니다'를 연발하면 본인은 물론이거니와 듣는 사람도 감사 표현에 기분이 좋아진다. 양측 모두 의욕이 올라가면 필연적으로 프레젠테이션 분위기도 좋아진다.

또한 지나치게 자주 '죄송합니다'를 입에 담으면 그 말이 가진 의미가 퇴색되어버린다. 그러다 보면 정말 사과해야 하는 상황에서는 상대에게 미안한 마음을 전하기 어려워진다.

'죄송합니다'라는 말은 아끼면 아낄수록 그 말에 무게가 생기고, 그 무게가 '언어의 혼'이 되어 상대의 마음에 박힌다. 입에서 '죄'라는 말이 나오려 할 때 '감'으로 바꿔보자. '감사합니다'가 가진 영적인 힘을 빌려 프레젠테이션을 승리로 이끌 수 있다.

당당하게 묻자!
"통과할 수 있을까요?"

세일즈 미팅 상대는 대부분 '거절'을 염두에 두고 있다.
하지만 이 질문 하나로 상대방은 '통과'를 전제로
당신의 제안을 생각하게 된다.
가벼운 대화 후에 바로 "통과할 수 있을까요?"라고 물어보라.

내가 운영하는 출판 학교에는 상업 출판 학원 풀 패키지 코스라는 상급 컨설팅 강좌가 있다. 이 강의를 수강하는 학생이 출판사와 만남을 할 때는 나도 동석한다. 이때 나는 가볍게 대화를 나눈 뒤에 바로 이렇게 묻는다.

"통과할 수 있을까요?"

프레젠테이션을 할 정도면 내용은 사전에 어느 정도 전달하게 되어 있다. 그래서 결론을 먼저 물어본다.

세일즈 미팅은 어찌 보면 거절의 이유를 찾는 게임과도 같은 상황이라 할 수 있다. 상대방과 입장을 바꿔서 생각해보면 쉽게 알 수 있다.

하지만 "통과할 수 있을까요?"라고 물으면 상대는 통과시킬 이유를 떠올리기 시작한다.

"통과할 수 있을까요?"라고 묻자마자 바로 "아니요!"라고 대답하는 것은 어려운 법이다. 상대도 괜한 미움을 사고 싶지는 않기 때문이다.

이 질문을 받으면 상대방은 흠칫 놀란다. 그리고 '통과'를 전제로 다시 생각하기 시작한다. 다시 말해 '거절'이 우위에 있었던 확률이 뒤집히면서 '통과'가 그 위로 올라선다.

자신감 넘치고 능력 있는 사람으로 보인다

또한 갑자기 "통과할 수 있을까요?"라고 물으면 상대방에게 자신감이 넘치는 사람이라는 인상을 줄 수 있다. 자신감이 없으면 그런 말을 할 수 있을 리가 없기 때문이다. 그뿐만 아니라 능력 있는 사람이라는 인상도 심어줄 수 있다.

능력 있는 사람일수록 결론을 우선하는 법이다. 다른 사항부터 챙기면서 결론 확인을 뒤로 미루는 행동은 능력 없는 사람의 전형적인 모습이다.

물론 통과할 수 있냐고 물어도 거절당할 때도 있다. 거절은 거절대로 나쁘지 않다. 한 시간 동안 프레젠테이션을 하고 "통과할 수 있을까요?"라고 물었더니 거절이었다면 귀중한 시간을 낭비한 셈이 된다.

프레젠테이션을 시작하고 10분 후에 거절당하든, 한 시간 후에 거절당하든 사실은 변하지 않는다. 결과를 빨리 아는 편이 서로를 위하는 길이다.

'통과할 수 있을까요?'라고 묻고 상대가 적극적으로 검토를 시작하면 그다음 한 시간은 보다 건설적인 이야기를 나눌 수 있다. 가격과 납기일 등 통과를 전제로 한 논의를 할 수 있다.

한편 "통과할 수 있을까요?"라는 질문에 상대방이 모호하게 대답할 때도 있다. 이런 경우는 섣불리 대답하고 싶지 않은 상태라 볼 수 있다. 그럴 때는 이렇게 말해보자.

"어떤 조건이면 통과할 수 있을까요?"

그리고 "가격이 문제인가요? 아니면 디자인입니까?"라며 도망칠 구석을 하나씩 막는다. 결국 상대는 통과를 전제로 머리를 굴리기 시작한다.

다만, 메일로 통과할 수 있을지 물어봐서는 안 된다. 메일은 어차피 글자일 뿐이라 상대방도 쉽게 거절하는 회신을 보낼 수 있다. 직접 만나서 성의를 보이자!

나를 대상으로 먼저
클로징해보라

본인도 자신이 없는 안건이 통과할 리가 없다.
안건을 철저히 검토해 장단점을 파악하고
먼저 자기 자신을 대상으로 클로징해보라!
자신감을 갖고 상대에게 도전할 수 있다.

평소 어떤 마음가짐으로 세일즈 미팅에 임하는가? '이 기획, 통과할 수 있을까?'라며 불안한 마음을 안고 자리에 앉는 사람도 많을 것이다. '고객의 시간을 뺏어서 미안하다', '솔직히 만나고 싶지 않았던 건 아닐까?'라고 자신을 깎아내리며 상대와 명함을 교환하는 사람도 있다. 이와 같은 소극적인 생각은 모처럼 통과할 수 있었던 제안도 떨어지게 만든다.

또한 하품이 옮는 것처럼 당신의 소극적인 생각이 상대에게도 영향을 미친다. 미팅 자리가 부정적인 기운으로 가득 차면 프레젠테이션은 뜨뜻미지근한 상태로 끝나버린다. 당연히 기획안이 채택될 리가 없다.

나의 목표는 제안을 통과시키는 것이다.

따라서 '이 프레젠테이션은 귀사에 큰 도움이 되는 내용이다'라는 자신감을 가지고 임해야 한다.

물론 근거 없는 자신감은 금물이다. 자칫 과장이나 허위로 이어질 수 있어 위험하다.

본인 제안에 자신감을 가져라

우선 본인의 제안을 두고 자기 자신을 대상으로 클로징해 보는 것이 중요하다. 클로징은 영업에서 거래를 성사시키는 것을 말한다.

자신을 대상으로 클로징할 수 있다면 그 제안에 대해 근거 있는 자신감을 얻었다는 의미가 된다. 자신감이 생기면 내가 하는 제안이 고객에게 분명 이득이 된다는 마음으로 프레젠테이션을 할 수 있다.

자신을 대상으로 클로징하려면 제안에 관한 지식을 충분히 익히고 어떤 장점이 있는지를 파악해야만 한다.

유니클로의 판매원은 상품의 장점을 스스로 체험하기 위해 유니클로 옷을 입고 일한다. 자동차 딜러도 마찬가지다. 보통 자동차 회사 딜러는 자신의 회사 브랜드의 차를 몬다.

예전에 기름을 전혀 쓰지 않고 전기로만 주행하는 전기자동차 딜러를 찾아갔을 때 사원용 주차장에 전기자동차가 거의 없었던 적이 있었다. 아니나 다를까 영업 사원의 설명에서는 처음부터 끝까지 자신감이 전혀 느껴지지 않았다.

제안 내용에 관한 지식을 쌓다 보면 단점도 보인다. 사실 이 점이 정말 중요하다.

자신을 대상으로 클로징할 때 장점만 늘어놓는 것과 단점까지 확실히 짚고 넘어가는 것, 어느 쪽이 호감을 얻을까? 당연히 후자다.

이렇게 자기 자신을 대상으로 클로징할 수 있었다면 당신은 제안 상품을 100% 신뢰하게 된다. 단점까지 알고 있으니 떳떳하지 못할 이유가 없다. 상대에게 "이 부분은 좀 떨어지지만, 문제가 될 정도는 아닙니다"라고 확실하게 말할 수 있다. 이 상태로 실제 세일즈 미팅을 하면 상대방을 이해시킬 수 있다.

관 철 력

19

뻔뻔함 ■ ▢ ▢ ▢ ▢
매너 ■ ■ ■ ▢ ▢

분리 토크로 돈과 제안은
따로 떼어 이야기하라

금전적 부분과 제안이 마구 뒤섞여 있으면
승자는 항상 '돈'이다.
'분리 토크' 기술을 쓰면 금전적 부분과 제안을
따로 떼어 이야기할 수 있다.
그러면 결국 '갖고 싶은 마음'이 승리한다.
가격이 비싸지 않다는 근거는 그 후에 제시하면 된다.

내가 운영하는 출판 학교의 수업료는 85만 엔 정도다. 금액만 보면 비싸다고 생각하는 사람도 많을 것이다. 실제로 세미나 참가자 중에도 그런 생각을 드러내는 사람이 적지 않다. 그럴 때 나는 이렇게 말한다.

"책을 내고 싶지 않습니까? 오늘 세미나에서 제 이야기를 듣고 제가 출판사 40군데와 함께 일하고 있어서 단기간에 책을 낼 수 있다는 점은 아셨으리라 생각합니다. 가장 먼저 생각해야 할 점은 책을 내고 싶은지, 아닌지입니다. 어떠신가요?"

그러면 참가자 대부분은 "책을 내고 싶습니다"라고 대답하고 그다음에 "그런데 수업료가…"라는 말이 이어진다. 그때 나는 "알겠습니다. 가격이 문제라는 말씀이시군요"라고 말한다.

이것이 '분리 토크'다. 금전적 부분과 제안을 따로 떼어서 이야기하는 기술이다. 돈 이야기와 제안이 마구 뒤섞여 있으면 아무래도 심리상 돈의 존재가 우위에 서게 된다. 결국 '필요 없습니다' 쪽으로 기울고 만다.

그러니 일단 '채택하고 싶고, 사고 싶다'라는 상대의 마음을 끄집어낸 후에 금전적 부분으로 넘어가야 한다. 우선은 그 부분은 제쳐두고 갖고 싶은지 아닌지부터 확인하자.

'갖고 싶지만 비싸다'라고 했다면 상대방의 마음은 '갖고 싶다' 쪽으로 기울어진 상태다. 이때 '85만 엔이 적당한 가격'이라는 점을 설명하면 된다.

"85만 엔이 비싸다고 생각하실 수 있지만 자비 출판으로 책을 내면 300만 엔은 듭니다. 그래도 비싸다고 생각하시나요? 연봉이 400만 엔이시면 그 5분의 1의 금액으로 인생을 바꿀 수 있다고 생각하시면 어떨까요?"

이런 식으로 85만 엔이 적당하다는 근거를 이야기하면 이미 마음이 있었던 상대는 스스로 자신을 설득하기 시작한다. 그리고 "신청하겠습니다"라는 대답이 돌아온다.

세일즈 미팅에서는 때로 처음에 가격을 드러내지 않는다. 이것도 하나의 기술이다. 명품 매장은 상품에 가격표를 붙이지 않는 곳이 많다. 이는 고객이 우선 갖고 싶다는 마음부터 갖추긴 바라서다. 처음부터 비싼 가격을 보면 '너무 비싸다'에서 생각이 멈춘다. 가격을 보여주지 않으면 '우리 집에 장식해도 좋겠네'라는 생각을 먼저 유도할 수 있다. 가격이 적당하다는 근거는 그 후에 전하면 된다.

관철력
20

뻔뻔함 ■■
매너 ■■

행복한 미래로
상상력을 자극하라

단순히 성능과 가격만 강조하면
상대의 구매 의욕을 높일 수 없다.
소비자의 상상을 부추기는 행복한 미래를 이야기하라!

자동차의 TV 광고를 보면 차의 성능을 전면으로 내세우는 경우는 그다지 많지 않다. "배기량은 1,500cc, 엔진 최고 출력은 102마력입니다!"라고 홍보하는 광고는 거의 본 적이 없다.

요즘 자주 보이는 자동차 광고에는 가족과 함께 캠핑을 가는 장면이나 뒷좌석에서 잠든 아이의 모습이 등장한다. 또는 해변을 따라 펼쳐진 도로를 달리는 광고도 있다.

모두 '행복한 미래'를 보여주고 있다.

행복한 미래에 관해 이야기하면 상대의 상상은 점점 부풀어 오른다. '이 승합차를 사면 아이와 별을 보며 캠핑을 할 수 있겠군. 수납공간도 많아서 음식 재료도 잔뜩 실을 수 있겠어!', '여자친구랑 해변 도로를 드라이브하면서 여행해야지!' 등 다양한 상상을 할 수 있다.

행복한 미래를 상상하게 만들면 구매 의욕은 당연히 높아진다. 배기량이 높다고 아무리 떠들어봤자 행복한 미래가 떠오르지는 않는다.

어차피 구매 의욕이 높아지면 소비자는 자동차 회사의 홈쪽를 찾아보게 된다. 배기량을 비롯한 사양 정보는 그때 알게 된다. 이 순서가 뒤바뀌지 않아야 한다.

반면 똑같이 미래에 관한 이야기라도 어두운 미래는 소용이 없다.

생명보험회사 광고를 보면 대부분 결혼해서 아이를 낳고 사는 이야기다. 그래야 보는 사람이 적극적으로 소중한 가족을 지키기 위해 보험에 가입해야겠다고 생각하기 때문이다.

어두운 미래를 이야기하면
상대방은 거부 반응을 일으킨다

그렇다면 '당신이 사망하면 1억 원이 지급됩니다'라는 광고는 어떨까?

부정적인 모습이 그려져 자연스럽게 채널을 돌리고 싶어진다. 분명 생명보험의 역할은 뜻밖의 일이 발생했을 때 돈을 지급하는 것이다. 하지만 대다수 소비자는 그런 내용의 광고를 원하지 않는다.

어디까지나 행복한 미래를 이야기하면서 소비자의 관심을 끌어야 한다.

세일즈 미팅에서도 밝은 미래를 언급하며 클로징하는 일이 중요해졌다.

나는 출판 실현 세미나 참가자가 우리 출판 학교의 강좌를 수강할지 말지를 고민하면 단순히 "책을 낼 수 있습니다"라는 말로 끝맺음하지 않는다.

"책을 냈을 때 얻는 광고 효과는 지금의 100배입니다. 고객이 몰려들 겁니다"라는 식으로 말한다.

이것이 행복한 미래를 이야기하는 기술이다. 이 기술을 통해 책을 냄으로써 일어나는 변화를 상대의 뇌리에 깊이 새길 수 있다.

집을 사고팔 때도 이 기술을 활용할 수 있다.

"매일 아침 타는 지옥철 괜찮으세요? 이곳이라면 걸어서 출퇴근할 수 있습니다", "밤 10시까지 야근을 해도 10분 후에는 집에서 맥주를 마실 수 있어요!"

"튼튼한 자재로 지었습니다"라는 말보다는 확실히 사고 싶은 마음이 든다.

애원하지 마라

"부탁드립니다. 꼭 구매해주세요."
이렇게 애원하면 상대방은 강요당하는 느낌을 받는다.
결국 신용을 완전히 잃고 안 좋은 소문만 퍼진다.
사지 않아도 괜찮다는 생각으로 강하게 나가라!

혹시 집에 찾아온 신문 구독 영업 사원에게 이런 말을 들어본 적이 있는가?

"구독하실 때까지 몇 번이고 또 올 겁니다. 한번 구독해보세요", "이번 달 실적이 모자라서요. 제발 부탁드립니다."

시대가 변하면서 요즘은 이런 방식의 영업이 거의 사라졌지만 1990년대까지는 흔히 볼 수 있는 광경이었다.

하지만 이렇게 애원해서 계약을 맺으면 상대방은 '강요당했다'라는 부정적인 인상을 받는다.

결국 계약 철회 보증 기간에 해지하기도 한다. 계약이 해지되면 반품 접수와 환불 절차도 진행해야 하니 업무에 지장이 생긴다.

그리고 애원해서 상품을 구매해준 고객에게서는 긍정적인 리뷰를 얻지 못할 확률이 100%다. 오히려 "그 영업 사원은 최악이니까 조심해"라는 부정적인 리뷰가 나올 확률이 매우 높다. 이런 리뷰가 SNS에 퍼지면 그대로 회사가 망할 수도 있다.

하지만 우리는 프레젠테이션 자리에서 무심코 애원하게 된다. 혹시 "부탁드립니다. 도입해주세요"라며 머리를 숙인 적은 없는가? 애원하는 행동은 보통 무의식중에 나오기 쉬우니 조심해야 한다.

이런 행동을 막으려면 의식적으로 상대방에게 억지로 도입할 필요는 없다는 태도를 보여야 한다. 이런 마음가짐으로 프레젠테이션을 하면 애원할 일이 없다.

이때 행복한 미래를 이야기하며 구매 의욕을 높인다(89쪽 참고). 좋은 제안이라 열심히 설명했지만, 구매해달라고 머리를 숙이지는 않겠다는 자세를 취하면 상대방도 스스로 한 선택이라고 생각하게 된다. 강요받았다는 생각은 하지 않는다.

나는 한 단계 더 높여서 '나도 고객을 선택할 수 있다'라는 자세를 취한다. 당연히 말로 하지는 않는다. 그런 분위기를 풍길 뿐이다. 그러면 상대의 마음에 선택받고 싶다, 사고 싶다는 생각이 싹트기 시작한다.

제3장

호감이 먼저다

관 철 력

22

뻔뻔함 ■■■■■■
매너 ■■■■■■

빈손은 노!
보답의 원리를 이용하라

처음 대면하는 고객을 찾아갈 때는 작은 선물을 들고 가라.
상대방에게 무언가 보답을 해야 한다는 생각을 심어주면
나의 제안이 통과할 확률이 올라간다.

이웃에게 선물을 받았을 때 어떻게 하는가? "감사합니다"라고 인사한 후에 "이거 저희 부모님이 보내주신 사과인데 한번 드셔보세요"라며 무언가 보답을 하지 않는가?

가만히 생각해보면 상대가 보답을 바라고 한 행동일 리 없는데도 신기하게 다들 그렇게 한다.

인간이 가진 심리 중에 '보답의 원리'라는 게 있다. 상대방에게 무언가를 받으면 나도 되돌려주고 싶어지는 마음, 이것이 보답의 원리다.

앞에서 언급한 사례가 이 심리에 따른 행동이다.

마트 식품 코너에서 하는 시식도 이 원리를 활용한 전략이다. 시식해보고 맛있으면 사야겠다고 생각하는 고객을 잡으려는 목적도 있지만, 더 큰 타깃은 '시식도 했으니 미안하니까 하나 살까'라고 생각하는 고객이다.

그래서 가게의 시식 코너에는 항상 "드셔보세요"라며 말을 건네는 직원이 있다. 무인 시식대로 운영해도 문제없을 텐데 꼭 직원을 배치하는 이유가 아무도 없으면 보답의 원리가 작용하지 않기 때문이다.

프레젠테이션에서도 마찬가지다. 보답의 원리를 이용하면 넘어야 할 장벽의 높이를 낮출 수 있다.

나는 고객과 처음 만나는 자리에는 반드시 작은 선물을 들고 간다. 출판 학교 수강생에게도 처음 가는 출판사에는 절대 빈손으로 가지 말라고 조언한다. 선물은 간단한 간식거리 정도가 좋다.

일부러 선물까지 사 왔다는 생각에 상대는 기분이 좋아진다. 그리고 직장 동료에게 "마츠오 씨에게 받았다"라며 나눠줄 것이다.

그러면 상대방은 '선물까지 받았는데 이대로 그냥 돌려보낼 수는 없다'라는 마음에 긍정적으로 제안을 생각하게 된다.

한편 빈손으로 가면 플러스 요인이 전혀 없는 상태로 프레젠테이션을 하게 된다.

선물이라고 해봤자 고작 몇만 원짜리 물건이다. 그렇다면 당연히 들고 가는 편이 좋지 않을까?

신뢰를 얻으려면
항상 약속을 지켜라

약속했다면 반드시 지켜라.

납기 일정이나 약속 시간을 어기면 신뢰를 잃는다.

신용도를 높이고 싶다면

납기 일정보다 더 빨리 제출하라.

나는 회의할 때 상대가 몇 분이라도 늦으면 그 사람의 신용도를 낮게 평가한다. 물론 피치 못할 사정이 있어 미리 연락했다면 괜찮지만, 아무 연락도 없이 "죄송합니다! 지하철이 연착돼서"라며 들어오는 사람이 일정 비율로 꼭 있다.

이런 사람은 다른 면에서도 느슨하기 마련이다. 그래서 나는 그런 사람과는 어느 정도 거리를 둔다. 사실 세일즈 미팅이라도 내가 먼저 발을 빼기도 한다. 애써 제안이 통과하더라도 결국 느슨한 태도의 상대에게 휘둘릴 가능성이 있기 때문이다.

자신이 한 말은 반드시 지켜야 한다. 당연한 말이지만 일단 이것부터 철저하게 지키도록 하자.

납기를 맞추면 상대방은 나를 약속을 잘 지키는 사람이라 여기고 그때부터 신뢰하기 시작한다. 다만, 사전에 늦는 사정을 설명해도 그 근거가 부족하면 소용없다. 3일 후라고 약속해 놓고 "제안서의 질을 더 높이고 싶습니다. 하루만 더 시간을 주세요"라고 말하는 사람이 있는데, 이 또한 좋지 않다.

분명히 말하지만, 품질이란 어디까지 올려야 좋은지 아무도 모른다. 그러니 우선은 납기 일정부터 챙기자.

만약 상대방이 제시한 날까지 어렵다면 분명하게 "그때까지는 어려우니 하루만 더 시간을 주시죠"라고 말해야 한다. 상대방도 분명 이해할 것이다. 무리해서 받아들였다가 납기를 맞추지 못하면 신용을 잃게 된다.

납기 일정보다 빨리 제출하라

앞에서 납기 일정을 지키는 것이 얼마나 중요한지 말했지만, 사실 그것만으로는 부족하다. 나는 납기 일정보다 빨리 제출하는 것을 원칙으로 삼고 있다. "3일 후까지 수정해주세요"라는 말을 들으면 나는 이틀 후에 제출한다. 일정표에 '이틀 후'라고 적어 둔다.

약속한 날보다 빨리 제출하면 상대는 나를 업무 처리가 빠른 사람으로 기억한다.

여기서 좀 더 기술적으로 이야기하자면 나는 처음부터 3일이 걸릴 일을 두고 4일을 달라고 요청한 다음 3일 후에 제출한다. 이 정도는 거짓말이라고 볼 수 없다. 계약을 따내기 위한 전략이다.

납기 일정 외에도 내가 앞당겨서 지키는 것이 있다. 바로 약속 시간이다. 앞에서 약속 시간에 늦지 말라고 이미 말했지만, 나는 보통 1시간 전에 근처 역에 도착한다.

　이렇게 하면 혹시 지하철이 연착되더라도 회의에 늦지 않는다. 미리 도착해서 고객사 주변을 산책하다 보면 대화 소재를 발견할 수도 있다. 그렇게 시간을 보내다가 15분 전에 약속 장소에 도착할 수 있다.

관 찰 력
24

뻔뻔함 ■■□□□
매너 ■■■■□

공통점을 찾아
상대방의 호감을 얻어내라

복장, 머리 스타일, 청결 상태에 신경 쓴 다음
대화 속에서 상대와의 공통점을 찾아라.
SNS는 공통 관심사를 찾을 수 있는 좋은 수단이다.
공통점은 호감을 끌어내는 숨겨진 무기다.

아무리 좋은 제안을 해도 상대가 당신과 거리를 두려 한다면 그 제안은 통과하기 어렵다. 원인은 다양하지만 먼저 자기 행동부터 돌아보고 피할 수 있는 것을 피하자.

바로 개선할 수 있는 부분은 복장과 머리 스타일, 청결 상태다. 장마철에 꿉꿉한 냄새가 나는 양복을 입은 사람을 본 적 있을 것이다. 그런 사람을 만나면 상대는 본능적으로 '저 사람은 나랑 안 맞아!', '여기서 수락하면 한 번 더 만나야 하는 건가?'라고 생각하며, 세일즈 미팅에서는 대놓고 말할 수 없는 내막을 만들게 된다.

또한 회의 시 매너도 철저히 지켜야 한다. 예를 들어 문에서 가장 먼 자리가 상석이고 가장 가까운 자리가 말석이다. 특히나 연배가 있는 사람은 당신이 어디에 앉는지를 주의 깊게 볼 수 있으니 조심하자. 여기까지는 일반적인 상식이며 누구나 하는 일에 지나지 않는다. 좋은 인상을 남길 수는 있겠지만 제안을 통과시키려면 여기서 한 단계 더 나아가야 한다.

나는 상대에게 호감을 얻을 기회로 본론에 들어가기 전에 나누는 가벼운 대화를 중요하게 생각한다. 이때 상대와의 공통점을 찾아내 친근감을 느끼도록 해야 한다.

예를 들어 상대에게 고향이 어딘지 물어보자. 이는 공통점을 찾을 기회다. 그리고 "고등학교는 어디 나오셨나요?"라고 묻는다. 같은 지역의 잘 아는 학교라면 친근감이 샘솟는다. 자주 놀던 장소를 묻는 것도 좋은 방법이다.

성이 같거나 이름이 같을 때도 친밀도를 단번에 올릴 수 있다. 만약 성이 나와 같은 '마츠오'라면 고향이 어디인지를 꼭 물어본다. '마츠오'라는 성은 규슈지방에 많다. 또한 부모님 고향은 사가현이 대부분이다. 혹시 상대가 '사가현'이라고 대답하면 이때도 확실히 서로의 거리가 가까워진다.

상대방의 소지품을 소재로 삼아도 좋다. 가방, 명함 지갑, 시계, 스마트폰, 수첩 등. 그중에 공통 관심사로 삼아 분위기를 띄울 수 있는 소품을 고른다. 상대가 가진 물건을 다음 회의 때까지 구해서 몸에 지니고 가는 방법도 꼭 알아두어야 할 비법이다.

"부장님, 저도 그 명함 지갑 샀습니다. 너무 멋져 보여서요."

이렇게 말하면 호감도가 올라갈 뿐만 아니라 상대방의 인정 욕구도 채워줄 수 있다.

SNS에서 상대방의 정보를 찾아라

그리고 또 한 가지, 내가 상대와의 공통점을 찾기 위해 하는 노력 중 하나가 SNS를 확인하는 것이다.

나는 고객을 처음 만나면 페이스북이나 인스타그램 같은 SNS를 하는지 꼭 확인한다. 그리고 만났을 때 이렇게 말한다.

"얼마 전에 ○○○에 다녀오셨죠? 저도 굉장히 좋아하는 곳입니다. ○○○ 명물인 ○○○는 드셔보셨나요?"

그러면 상대는 이렇게 대답한다.

"혹시 SNS에서 보셨나요? 부끄럽네요."

이런 식으로 상대방과 좀 더 깊은 대화가 이어지게 된다.

수량과 시간,
사람을 활용해
희소성을 강조하라

수량과 시간으로 희소성을 강조하라.
단, 그것만으로는 아직 모자라다.
세일즈 미팅에서는 사람의 희소성도 영향력이 있다.
"부장님까지 와주시다니!"라는 말로 상대방을 띄워라!

'희소성의 법칙'이라는 말이 있다. 원하는 양보다 가질 수 있는 양이 적을 때 그 물건의 가치가 상승해 중요하다고 생각하는 심리적 현상을 말한다. 신종 코로나바이러스 사태로 마스크의 가치가 상승했을 때도 이 법칙이 작용했다. 그래서 다른 말로 수요와 공급의 원리라고도 할 수 있다.

이 법칙을 잘 활용하면 세일즈 미팅에서 조금 더 수월하게 제안을 통과시킬 수 있다.

가장 기본적인 방법이 수량의 희소성을 내세우는 방법이다. 특별한 사양을 장착한 자동차를 '1,000대 한정'으로 판매하는 경우가 바로 이 희소성의 법칙을 노린 전략이다.

또 하나는 시간의 희소성이다. 텔레비전 홈쇼핑 방송에서 "이 혜택은 방송 중에만 드립니다. 지금부터 딱 30분간입니다. 방송이 끝나면 사라지니 지금 바로 주문하세요!"라는 쇼호스트의 말을 들어본 적이 있는가? 이 말을 들은 시청자는 빨리 사지 않으면 사려는 물건이 매진될 거로 생각한다.

수량과 시간을 활용해서 희소성을 내세우며 당신의 상품이나 서비스의 장점을 강조해보자.

또한 세일즈 미팅에서는 '사람'의 희소성에도 주목해야 한다. 예를 들어 평소에는 회의에 참석하지 않던 부장이 갑자기 등장했다고 하자. 나라면 이렇게 말할 것이다.

"부장님까지 와주시다니. 이거 긴장되는데요."

이렇게 희소성 있는 인물로 대하면 상대는 본인이 귀한 대접을 받고 있다는 생각에 기분이 좋아진다.

상대의 부하직원에게도 희소성을 어필하라

다만 이런 경우 부장은 대부분 중간에 자리를 뜬다. 그때는 자리에 남아있는 부하직원에게 이렇게 말한다.

"부장님이 찾아주시는 걸 보니, ○○ 씨를 특별히 아끼시는 모양입니다."

그렇다. 부하에게도 '내가 그런 존재인가'라는 생각을 심어주는 것이다. 부장과 부하직원을 모두 기쁘게 하는 전략인 셈이다.

본인의 희소성을 드러내는 일도 중요하다. 하지만 스스로 자기 자신의 희소성을 드러내기란 쉽지 않으니 이럴 때는 사장이나 상사를 대동한다. 그 모습을 보면 상대는 당신을 힘 있는 인물이라 판단하고 상사에게 평가를 올릴 것이다.

"○○ 님에게만 드리는 제안입니다"라는 말도 좋다.

"이 제안은 귀사에 딱 맞는 제안입니다. 제가 이런 특별한 안건을 제안한 곳은 귀사가 처음이고 다른 회사에는 제안할 생각이 없습니다!"라는 식이다.

만약 고객과 술자리를 할 기회가 있으면 숨겨두었던 맛집으로 데려가자. 그리고 이렇게 말한다. "이곳에 모셔온 분은 부장님밖에 안 계십니다."

상대방이 "설마! 그럴 리가"라고 대답할지도 모르지만 괜찮다. 특별대우를 한다는 느낌만 상대에게 전해주면 충분하다. 모든 사람에게 그렇게 말해도 단지 말재주가 좋은 사람이라고 생각할 뿐이다.

희소성은 보통 수량과 시간으로만 드러낼 수 있다고 생각하지만, 사람에게 초점을 맞추면 더 큰 효과를 낼 수 있다.

관 철 력
26

뻔뻔함 ■■■ □ □
매너 ■■■ □ □

감정을 다스리는
다섯 가지 원칙을 기억하라

세일즈 미팅에서는 감정이 앞서기 쉽지만
냉정함을 잃어버리면 애써 준비한 제안이 실패로 끝난다.
이때는 감정을 다스리는 5가지 원칙을 떠올리자!

세일즈 미팅에서는 아무래도 감정이 앞서기 마련이다. 혹시 당신이 냉정함을 잃어버렸다고 느껴지면 이때는 다음에서 소개하는 '감정을 다스리는 5가지 원칙'을 떠올려보자.

원칙 1 · 포기하지 않는다

제안을 거절당하면 기운이 빠질 수밖에 없다. 그리고 '이 제안은 틀렸다'라는 생각에 포기하는 마음이 앞서게 된다. 나의 책 《컨설턴트가 되어 갑자기 연봉 650만 엔을 버는 법》은 대형 출판사에서 출간되었지만, 출판이 정해지기까지 다섯 군데에서 거절당했다. 마지막으로 손을 잡아준 곳이 지금의 출판사였다.

그 과정에서 나는 몇 번이나 '난 안 되는 건가' 하고 좌절했었다. 하지만 첫 번째 원칙인 '포기하지 않는다'를 스스로 되뇌며 기다리고 또 기다렸다. 무슨 일이든 거절당하면서부터 일이 시작되는 법이다. 포기해서는 안 된다.

원칙 2 · 고집을 버린다

세일즈 미팅에서는 제안에 대한 비판도 듣는다. 비판을 듣다 보면 '당신이 제대로 판단하지 못해서 이 제안이 얼마나 좋은지 모르는 거야!'라며 순간 울컥하기도 한다. 하지만 고집만 앞세우면 자기 자신을 되돌아볼 수 없고, 제안의 품질은 계속 같은 상태에 머물게 된다.

고집부리지 말고 생각을 유연하게 바꾸면 비판을 자양분으로 삼을 수 있다. '다른 방향으로 생각할 수 없을까?' 하고 생각하며 제안의 수준을 올리려고 노력해보자.

원칙 3 · 자만하지 않는다

제안이 통과하면 마치 축구 경기에서 골이라도 집어넣은 것처럼 그 자리에서 기뻐하는 사람이 있다. 이때 그런 모습을 본 고객은 무슨 생각을 할까? 분명히 말하지만 이렇게 생각한다.

'이제 시작인데 저렇게 들떠서야…'

'벼는 익을수록 고개를 숙인다'라는 속담이 있다. 훌륭한 사람일수록 겸손한 자세를 보인다는 의미다. 나는 제안이 통과하면 항상 이 속담을 떠올린다.

물론 솔직하게 기뻐해도 상관은 없지만 겸손한 자세를 잊어서는 안 된다.

원칙4 · 양보하지 않는다

세일즈 미팅에서는 어쩔 수 없이 상대가 우위에 서게 된다. 그러다 보니 무엇이든 상대에게 양보하려는 마음이 생기기도 하는데, 그런 마음가짐으로는 당신의 주장을 강하게 내세울 수 없다. 이래서는 될 일도 안 된다. 프레젠테이션의 주인공은 당신이다. 겸손한 자세도 중요하지만 양보하지 말고 적극적으로 주장하자.

원칙5 · 단정하지 않는다

세일즈 미팅에서 상대방은 많은 요구를 한다. 이런저런 요구를 듣다 보면 '그렇게까지는 어렵겠다'라는 생각이 들기 마련이다. 하지만 이는 갑작스러운 요구에 머리가 냉정한 판단을 내리지 못해 어렵다고 단정한 것일지도 모른다.

절대 할 수 없다고 생각했던 일이 하룻밤 자고 일어나니 '잘하면 될지도 모르는 일'로 바뀐 적이 있지 않은가? 그와 마찬가지로 그 자리에서는 어려운 요구라고 생각했지만, 냉정하게 다시 생각해봤을 때 해결의 실마리를 찾을 수도 있다.

상대방에게 어떤 요구를 받아도 수락하겠다는 마음가짐으로 해결의 실마리를 찾아보자.

관 철 력

27

뻔뻔함 ■■■□□
매너 ■■□□□

다섯 가지 역할을
연기하라!

자신의 본모습으로는 세일즈 미팅에서
당신의 능력을 최대치로 끌어낼 수 없다.
다섯 가지 역을 잘 조합해서 최대의 능력을 발휘하라.

나의 '본모습'이란 대체 무엇일까?

아이와 함께 있을 때 나는 절대 진짜 내 모습이 아니다. 아버지를 연기하는 것이다. 또한 출판 학교에서 강의할 때는 강사의 모습을 연기한다.

애플의 공동창업자인 스티브 잡스는 프레젠테이션의 천재라 불렸다. 아이폰 신제품 발표회에서 가벼운 제스처와 함께 "애플이 휴대전화를 새로 발명했다"라는 말로 보는 이의 마음을 사로잡았다. 그는 과연 자신의 '본모습'으로 발표회에 섰을까? 그럴 리 없다. 그는 다양한 역할을 연기했다. 그가 선보인 역할은 다섯 가지로 예능인, 배우, 역술인, 학자, 의사다.

예능인

프레젠테이션에서 상대방을 지루하게 해서는 안 된다. 재미없는 이야기는 듣고 싶지 않은 법이다. 잡스는 애플이 휴대전화를 새로 발명했다고 말한 뒤에 옛날 회전식 다이얼이 달린 아이팟 사진을 보여주어 발표회장을 웃음바다로 만들었다. 제안자는 분위기를 띄우기 위해 때로는 예능인이 되어야 한다.

배우

프레젠테이션을 할 때는 절대 자신의 본모습이어서는 안 된다. 제품이나 서비스의 특징과 장점을 이해시켜 상대가 관심을 보이도록 해야 한다.

하지만 자신의 본모습으로는 부끄러운 나머지 제대로 프레젠테이션을 할 수 없다면 이럴 때는 배우가 되어 그 역할에 몰입해보자. 그러면 과감해질 수 있다.

역술인

잡스는 처음 아이팟을 소개할 때 "1,000곡을 주머니에"라고 말했다. 그 말을 들은 청중은 무슨 생각을 했을까? 밖에서도 언제든 좋아하는 음악을 들을 수 있다는 행복한 미래를 상상하지 않았을까?

프레젠테이션 자리에서는 역술인, 즉 점쟁이가 되어야 할 때도 있다. 역술인이 되어 자신감을 갖고 행복한 미래를 예언해보자.

학자

잡스의 프레젠테이션은 '단순'하다. 말을 줄줄이 늘어놓지 않고도 제품이나 서비스의 매력을 단적으로 전달한다.

대부분 프레젠테이션 자리에서 내용을 빠뜨리고 싶지 않아서 어떻게든 한마디라도 더 하려고 하지만, 상대에게 전부 전해지지는 않는다. 우선 가장 매력적인 부분을 전해야 한다. 이를 위해 당신은 학자가 되어 제품에 대한 자세한 지식을 익혀두어야 한다.

의사

사람은 무언가 곤란한 일이 생겼을 때 새로운 제품이나 서비스를 사려고 한다. 따라서 프레젠테이션 중에는 의사가 되어 '걱정 마세요. 제가 도와드리겠습니다'라는 마음가짐을 가지고 발표를 해야 한다.

잡스는 이 다섯 가지 역할을 연기했지만, 당신은 그렇게까지 할 필요는 없다. 당신의 프레젠테이션에 적합한 역할 몇 가지만 골라 연기해보자.

관 찰 력
28

뻔뻔함 ■ □ □ □ □
매너 ■ ■ ■ □ □

상대방의 정보를 원한다면
내 정보부터 공개하라

프레젠테이션을 할 때는 상대방의 정보가 필요하다.
하지만 잘 모르는 상대방에게
자신의 정보를 알려주는 사람은 없다.
본인이 가진 정보부터 풀어서
상대도 이야기하고 싶게 만들어라!

세일즈 미팅에서 상대방의 정보를 알아내면 이를 바탕으로 이야기를 넓혀갈 수 있다. 공통점을 찾아내서 상대의 호감을 끌어낼 수도 있다(105쪽 참고).

하지만 당신에 대해서 잘 모르는 상태에서 자신의 정보를 공개할 리가 없다. 개인 정보란 그만큼 민감한 부분이다.

따라서 상대방의 정보를 얻고 싶다면 먼저 자신의 정보부터 공개해야 한다. 그래야 상대가 '미안하니까 나도 알려줘야겠다'라고 생각하게 된다. 여기서도 앞서 이야기한 보답의 원리가 작용한다(98쪽 참고).

극단적인 사례이기는 하지만, 내 지인 중 한 사람은 고객에게 "사실 아이가 장애를 가지고 있어서요"라는 고백을 갑작스럽게 들었다고 한다. 삶의 방식을 주제로 한 도서 관련 회의였는데, 아마도 그 고객은 자기 집 사정을 밝혀서 조금 더 심도 있는 논의를 하고 싶었던 모양이다. 실제로 회의 내용이 상당히 진지해졌다고 한다.

어떤가? 상대방의 정보를 들으면 그 순간 그 사람에게 관심이 생기고, '나도 정보를 공유해야겠다'라는 생각이 들지 않을까? 본인이 공개하는 정보의 양이 많으면 많을수록 상대도 그에 비례하는 양을 공개한다. 물론 모든 정보를 공개하기는 어렵다. 곤란해지지 않을 선에서 되도록 많은 정보를 공개하자.

단, 당신의 정보를 공개할 때 한 가지 조심해야 할 점이 있다. 이야기가 자기 자랑이 되어서는 안 된다.

"우리 아이는 명문 고등학교를 졸업하고 서울대에 입학했답니다"라는 말을 들으면 어떤 생각이 드는가?

자랑이라 생각한 상대방이 혀를 두르고, 그 자리는 남극이라도 된 듯 썰렁해질 수 있으니 조심하자!

관철력

29

뻔뻔함 ■ ■ ■ ■ ■
매너 ■ ■ ■ ■ ■

대화를 통해
상대방의 우월감을 자극하라

당신의 말에 열등감을 느끼면
상대방은 부정적인 감정을 품게 된다.
상대방의 우월감을 살살 높여주는 대화를 하자.
당신의 우위는 상대와 다른 분야에서만 드러내라!

인간은 무의식중에 '이 사람은 나보다 위', '나보다 아래'라는 식으로 우열을 매기고 싶어 한다. 이때 본인이 더 높다고 느끼면 왠지 모를 우월감에 사로잡힌다. 당신도 그렇지 않은가?

고객과 대화하는 중에는 프레젠테이션 본론에 들어갔을 때든, 그 전에 잡담을 나눌 때든 상대방이 열등감을 느낄 수 있는 말과 행동은 절대 삼가야 한다. 상대가 당신에게 부정적인 감정만 갖게 된다.

이 책의 출판사는 신문 지면 광고에 집중하는 편이다. 그래서 담당자와 회의할 때 내가 "○○사는 신문 광고가 참 대단합니다"라는 말을 했는데, 이런 대답이 돌아왔다.

"우리는 그 방법밖에 몰라서요. 더 좋은 방법을 찾아야죠. 아시면 가르쳐주십시오."

나는 감탄했다. 이때 "그렇죠!"라고 대답하면 어떤 사람은 불쾌해할 수도 있다. 상대방이 꺼낸 이야기라고 무조건 우쭐해서는 안 된다. 어디에 지뢰가 숨어 있을지 모르는 일이다.

그렇다고 "그래서 문젭니다"라고 대답하면 어딘지 거짓말 같다. '그 방법밖에 모른다'라는 대답은 참 절묘했다. '가르쳐주세요'라는 말을 들어도 기분이 상하지 않는다.

이렇게 상대와 이야기할 때는 상대방이 우월감을 느낄 수 있도록 배려해야 한다. 다만 모든 면에서 겸손하게 굴면 무시당할 수 있다. 능력 없는 사람이라는 인상을 줄지도 모른다.

우리 출판 학교 학생 중에는 변호사나 회사 경영자처럼 나보다 지위와 명예가 높고 수입도 좋은 사람이 많다. 그래도 나는 내가 25권의 책을 냈다는 사실을 반드시 이야기한다. 이 사실에 열등감을 느끼는 사람은 없다. 상대와는 전혀 다른 분야이기 때문이다.

하지만 책을 낸 적이 없는 작가와 회의하면서 25권을 출판한 이야기를 하면 '뭐 이런 사람이 다 있어'라고 생각할지도 모른다. 같은 분야에 있는 사람이라면 그럴 수 있다.

상대방의 우월감을 살살 높여주면서 그들과 다른 분야에서는 자신의 나은 위치나 수준을 드러낸다. 이 균형을 잘 유지해야 한다.

관 철 력

30

뻔뻔함 ■■■■■■

매너 ■■■■■■

사회적 의의를 밝혀라

'당신 회사에 이득이 된다'라는 말은
직접적으로 상대를 자극할 수 있어 자주 사용하지만
요즘 세상은 그것만으로 기업의 선택을 받지 못한다.
사회적 의의를 더해서 부딪쳐라!

세일즈 미팅에서는 어쩔 수 없이 '당신 회사에 이득이 된다'라는 키워드에 기대게 된다. 확실히 "이 서비스를 이용하면 야근을 두 시간은 줄일 수 있습니다", "다른 것에는 없는 기능이니 매출은 확실히 오를 겁니다"라는 표현은 상대를 직접적으로 자극하는 말이다 보니 결국 사용할 수밖에 없다.

하지만 여기서 만족해서는 안 된다. 요즘 비즈니스는 단순히 제품을 만들거나 서비스를 제공하는 것 이상의 의미가 필요하다. 그 제품이나 서비스를 통해 어떤 식으로 사회에 공헌할 수 있는가 이 부분을 중요시한다.

특히 일본에서는 2011년 동일본대지진과 2016년 구마모토 지진 그리고 2020년 신종 코로나바이러스 사태를 통해서 기업들이 이익만을 목적으로 삼으면 사회의 규탄을 받는다는 사실을 피부로 느꼈다. 다시 말해 세일즈 미팅에서 단지 회사에 이득이 된다는 점에 앞서, 이 제품을 도입함으로써 사회에 어떤 공헌을 할 수 있는지를 전달하는 것이 중요해졌다.

야근을 두 시간 줄여서 CO_2 배출량을 얼마나 줄일 수 있는지, 가족과 함께하는 시간이 얼마나 늘어나는지 등을 강조해야 한다.

이를 위해서 프레젠테이션을 하러 가는 회사의 창업 이념은 반드시 확인해두자. 대부분 회사 홈쪽에 상세히 나와 있으니 그 이념에 따른 사회적 의의를 강조해야 한다.

사회적 의의가 있는 제안은
상대를 적극적으로 만든다

이처럼 일의 사회적 의의를 강조하면 듣는 쪽은 함부로 부정하기 어렵다. 이익만 생기면 된다는 말은 절대 할 수 없다.

이 점이 세일즈 미팅에서 큰 위력을 발휘한다. 사회적 의의를 내세우면 상대방은 제안을 적극적으로 검토하게 된다.

장점은 다양한 각도에서
어필하라

프레젠테이션에서 장점을 하나로 제한하지 마라.
상대방은 상품의 장점을 깨닫지 못한다.
다양한 각도에서 강점을 찾아내 보여주자.
그래야 상대방을 이해시킬 수 있다.

프레젠테이션을 할 때 제품이나 서비스의 장점을 일부러 하나만 이야기하는 사람이 있다. 하지만 그러면 상대는 좋은 제품(서비스)이라고 느끼지 못한다.

프레젠테이션을 하는 사람은 그 제품이나 서비스에 관해 완벽하게 숙지하고 있지만, 상대방은 전혀 알지 못하는 상태이기 때문이다.

그런데도 장점을 하나로 제한해 설명하면 상대방은 그 외 다른 강점을 알 길이 없다.

또한 장점을 하나만 설명하면 프레젠테이션 시간이 남아서 계속 같은 이야기를 반복하게 되고 상대는 '그 이야기는 아까도 들었어'라며 지겨워한다. 같은 이야기를 반복해서 들으면 강제로 떠맡게 하는 것처럼 들리기도 한다.

스티브 잡스는 '1세대 아이폰'의 프레젠테이션을 할 때 "오늘 혁신적인 신제품 세 개를 발표합니다"라고 말하고 그다음에 이런 말을 이었다.

"첫 번째는 와이드 화면과 터치 가능한 아이팟. 두 번째는 혁신적인 핸드폰. 세 번째는 획기적인 인터넷 통신기기입니다. 터치 가능한 아이팟, 혁신적인 핸드폰, 획기적인 인터넷 통신기기. 아이팟, 핸드폰, 인터넷 통신기기. 아이팟, 핸드폰, 눈치 채셨나요? 독립된 세 가지 기기가 아니라 하나의 기기입니다. 이름은 아이폰."

만약 잡스가 '혁신적인 핸드폰'에만 초점을 맞춰 프레젠테이션을 했다면 아마도 '지금보다 한발 나아간 핸드폰' 정도의 인상을 주는 것에 그쳤을지도 모른다.

하지만 잡스는 세 가지 특징을 꼽았다.

그 결과 보는 사람들은 '1세대 아이폰'이 자신의 상상을 훨씬 뛰어넘는 스마트폰이라는 사실을 깨달았다.

내가 운영하는 출판 학교 홈쪽에는 다음과 같은 '상업 출판의 5가지 장점'이 게시되어 있다.

① 회사나 나 자신을 위한 강력한 브랜딩 수단이 된다.
② 주변 사람들의 시선이 달라진다.
③ 책이 팔리면 인세가 들어온다.
④ 나를 위한 뛰어난 영업 사원이 되어준다.
⑤ 가족에게 자랑거리가 될 수 있다.

사람들은 이 5가지 장점을 종합적으로 검토하고 출판 학교에 참가해야겠다는 생각을 적극적으로 하게 된다.

장점이 적으면 각도를 바꿔서 어필하라

특징이 그다지 많지 않다면 각도를 바꿔서 어필하면 된다. 예를 들어 '시간을 단축해주는 서비스'라면 근로자에게는 야근이 없어진다는 장점이 있고, 경영자 시점에서는 초과근무 수당이 줄어든다는 게 장점이 될 수 있다. 또한 가족에게는 아이와 함께 목욕할 시간이 생긴다는 것도 장점으로 어필할 수 있다. 더 나아가 지구 전체로 보면 에어컨 가동 시간을 줄여서 CO_2를 낮춰 감소시킬 수 있다는 점을 강조할 수도 있다.

여러 가지 장점을 강조해야 상대방은 그 제품과 서비스가 얼마나 좋은지 깨닫게 된다. 따라서 다양한 각도에서 공략하는 것이 중요하다.

관찰력
32

뻔뻔함 ■□□□□
매너 ■■■■■□

핵심은 한 박자 쉬고 전하라

핵심을 말하기 전에는 한두 박자 쉬어라.
틈을 두면 곧 중요한 이야기를 할 것이라는 신호가 되고
그다음 말은 상대방의 가슴을 울린다.
프레젠테이션에서 이 틈을 잘 활용하라!

세일즈 미팅에서는 한 시간 가까이 프레젠테이션을 한다. 그 사이 특히 강조하고 싶은 포인트가 몇 가지 등장한다.

예를 들어 '원격 근무를 위한 획기적 보안'이 프레젠테이션의 핵심이라면 이를 언급하는 순간 고객이 귀를 기울여주기를 바라게 된다.

이때 계속 같은 어조로 이야기하면 상대방이 핵심을 그냥 지나치며 흘려들을 수도 있다. 이미 앞에서 핵심은 일부러 천천히 낮은 톤으로 말해야 한다고 언급했다.

이 화술로도 충분히 효과가 있지만 조금 더 상대방을 집중하게 만드는 방법이 있다. 바로 '틈을 두는 기술'이다.

예를 들어 '오늘 꼭 말씀드리고 싶은 점은 새로 개선된 부분인, 보안 기능 ○○입니다'라는 문장이 프레젠테이션의 핵심이라고 하자. 이때 '새로 개선된 부분인'이라고 말하고 잠시 쉰 다음 '보안 기능 ○○입니다'라고 말한다. 그러면 그 말이 상대방의 가슴을 쿵 하고 울린다. 말하는 도중에 잠시 틈을 두면 지금부터 중요한 이야기를 할 것이라는 신호가 되고, 상대방은 집중해서 귀를 기울이게 된다. 그래서 더 강하게 마음을 울린다.

또한 틈을 두면 상대방에게 생각할 시간을 줄 수도 있다. 당신이 '새로 개선된 부분인'에서 잠시 틈을 두면 상대는 '뭐지?'라며 관심을 보인다. 그다음에 핵심을 이야기하면 '아! 그렇구나'라고 받아들인다.

그렇다면 어느 정도 틈을 두어야 적당할까? 기본적으로는 한두 박자 정도가 좋다. 하지만 가장 핵심 부분에서는 스스로 느끼기에 너무 길지 않나 싶을 정도도 괜찮다. 사람은 침묵의 시간을 견디지 못하는 경향이 있다. 그래서 본인은 길다고 느껴도 실제로는 그렇게 길지 않을 때가 많다.

그러니 핵심은 '좀 길지 않나' 싶을 정도로 틈을 두었다가 그 뒤에 이야기하자.

앞에서 프레젠테이션을 하기 전에 "통과할 수 있을까요?"라고 질문하는 방법을 소개했었다. 이 질문을 하기 전에도 잠시 틈을 두었다가 말해보자.

고객이 "내일까지 견적을 받을 수 있을까요?"라고 요청했을 때도 바로 대답해서는 안 된다. 잠시 틈을 두었다가 "알겠습니다"라고 대답하자. 그 순간 당신의 말에 무게가 실린다.

관철력

33

뻔뻔함 ■■■■■
매너 ■■■■■

전문용어는
되도록 적게 사용하라

어떤 업계든 그들만의 전문용어가 있다.
하지만 프레젠테이션 상대는 무슨 말인지 이해하지 못한다.
누구나 알 수 있는 표현을 사용하라!

오버슈트, 록다운, 클러스터…. 2020년 신종 코로나바이러스 사태가 터지면서 자주 듣게 된 단어들이다. 고이케 유리코 도쿄도지사가 기자회견에서 자주 사용했는데, 익숙하지 않은 전문용어라 와닿지 않았다는 의견이 빗발쳤다. 오버슈트over shoot 는 '폭발적인 환자 증가'를, 록다운lock down 은 '도시 봉쇄'를, 클러스터cluster 는 '같은 장소에서 감염된 사람들'을 의미한다.

어느 업계나 전문용어가 있다. IT 업계라면 온프레미스On-Premises, 프로포절proposal, 레거시legacy 등이 있고 부동산 업계라면 이니셜 코스트initial cost, 중개인, 경계침범 등이 있다.

프레젠테이션을 하다 보면 이와 같은 전문용어를 남발하기 쉽다. 전문용어를 섞어가며 말하면 왠지 수준 높은 내용처럼 느껴진다. 하지만 이는 큰 차각에 불과하다.

전문용어를 사용해 프레젠테이션을 하면 우선 상대방의 마음에 와닿지 않는다. 타 업계 사람에게는 외국어나 다름없으니 무슨 이야기를 하는지 정확히 이해할 수가 없다.

결국 잘못 이해하는 상황도 생긴다. 당신의 의도와는 정반대로 해석하는 일도 있다.

또한 이해할 수 없는 전문용어를 남발하면 상대가 '모르는 내가 잘못된 건가?'라며 오해하기도 한다. '요즘은 이런 말이 상식인가?'라는 생각에 왠지 뒤처진 기분이 든다. 결국 말하는 상대방에게 부정적인 인상을 품게 되고, 당연히 프레젠테이션도 실패로 끝난다.

프레젠테이션에서는
되도록 전문용어를 사용하지 마라

따라서 전문용어는 누구나 아는 말로 바꿔야 한다. '온프레미스'는 쉽게 말해서 '자사 직접 운영 방식'을 의미하지만, 이 말도 여전히 어렵다. 더 쉽게 '컴퓨터를 회사 내에 직접 설치해서 직접 운영하는 방식'으로 바꿔보자.

물론 어쩔 수 없이 전문용어를 써야 할 때도 있다. 그때는 이런 표현을 쓴다. '구체적으로 말하면'이나, '그러니까 한마디로 말해서'와 같은 표현을 사용해서 알기 쉽게 설명하면 상대방의 마음을 울릴 수 있다.

제4장

뻔뻔해야 통한다

관철력

34

뻔뻔함 ■■■■■■

매너 ■■■□□□

고객의 리뷰는
보다 신뢰를 가져다준다

제품과 서비스의 장점은
기본적으로 고객의 목소리로 전달하는 것이 좋다.
하지만 이때 구체적이지 않으면 거짓말처럼 들린다.
단순히 '반려견'이 아니라
'13살 먹은 치와와'라고 표현해보자!

텔레비전 홈쇼핑 방송에서는 상품을 소개할 때 실제 사용한 고객의 리뷰를 함께 내보내는 경우가 많다. 그 제품이나 서비스를 사용하면 생활이 얼마큼 편해지는지를 홈쇼핑 회사 직원의 말로만 들으면 왠지 거짓말처럼 들리기 때문이다.

하지만 실제 사용한 고객이 이야기하면 신빙성이 높아진다. 이웃에 사는 사람이 '이거 참 좋더라'라고 이야기하는 느낌이기 때문이다.

세일즈 미팅에도 고객 리뷰는 반드시 집어넣어야 한다. 많으면 많을수록 좋다. 의견을 많이 모을수록 설득력이 생긴다.

우리 출판 학교 홈쪽에는 지금까지 출간에 성공한 사람들의 체험담이 게시되어 있다. 그 수가 30명이 넘는다.

이렇게 많은 사람의 체험담을 게시한 이유는 책을 내고 싶은 목적이 고객마다 다르기 때문이다.

그 체험담 중에 '사람들에게 도움이 되는 책을 내서 이름을 알리고, 독립 준비를 하고 싶었다'라는 글이 있었다. 혹시 같은 생각을 하는 사람이 있다면 이 체험담을 보고 '나도 책을 내고 싶다'라고 생각하게 될 것이다.

프레젠테이션 자료에도 되도록 다양하고 많은 사례를 실어보자. 그리고 이렇게 말한다.

"귀사는 세 번째 고객의 경우와 비슷합니다. 어떠신가요?"

단순히 '반려견'이 아니라 '13살 된 치와와'라고 표현하라

여기까지가 고객 상품평을 실을 때의 기본 사항이다.

사실 요즘은 홈쇼핑 방송에 등록된 고객 상품평도 보상을 받고 작성하는 리뷰라고 생각하는 사람이 늘고 있다.

따라서 고객 리뷰는 실제 물건을 사용해본 사람에게 받은 것이어야 한다. 앞서 말한 '출판 체험담'에는 고객의 성별, 직업군, 연령대 등이 적혀 있는데, 신뢰도를 높이는 방법으로는 이만한 것이 없다.

또한 내용은 최대한 구체적으로 작성해야 한다.

예를 들어 반려견 목줄 영업을 한다면 "제가 키우는 반려견이 아주 좋아합니다"가 아니라 "제가 키우는 13살 된 치와와가 아주 좋아합니다"라고 표현해야 한다.

날짜도 구체적으로 말하는 것이 좋다. '작년'보다는 '2020년 ○월'이 좋다. 그리고 신뢰도를 높이려면 단점도 함께 실어야 한다. 단점을 싣는 순간 고객 리뷰는 사실이 된다.

단 식품이나 영양제같이 건강에 관한 상품을 취급한다면 약사법이나 '표시 광고의 공정화에 관한 법률' 등을 따져보고 허위나 과대 표현이 없는지 확인해야 한다. 실수로라도 '확실히 피부가 젊어집니다!'라는 표현은 절대 쓰면 안 된다. 따라서 고객 리뷰를 실을 때도 최대한 주의를 기울여야 한다.

뻔뻔함 ■■
매너 ■■■■

질문이 없다고
안심하지 마라

질문이 없는 것을
완벽한 프레젠테이션 때문이라고 생각하면 큰 착각이다.
프레젠테이션 마지막에 질의를 받으면 질문이 나오지 않는다.
20분 단위로 끊어서 질문 시간을 가져라.
질문이 많이 나오면 그 프레젠테이션은 성공이다!

우리는 보통 프레젠테이션을 마치고 상대방에게 질문이 나오지 않으면 안심한다. 그리고 상사에게 "잘 설명했습니다. 질문도 없었습니다. 잘 전달된 것 같습니다"라고 보고한다. 프레젠테이션이 완벽했기 때문에 질문이 없다고 생각해서다.

하지만 이런 사람은 대부분 한 시간 남짓의 프레젠테이션을 마치고 난 뒤에 "이상 마칩니다. 질문 있으십니까?"라고 상대방에게 묻는다.

분명히 말하지만, 이때 상대에게 질문이 나오는 일은 절대 없다. 한 시간 정도 지나면 상대방은 그저 '빨리 끝났으면 좋겠다'라는 생각밖에 하지 않는다. 상대는 질문은 됐으니까 회의실에서 빨리 탈출하고 싶어질 뿐이다.

기대하던 영화도 상영 시간이 세 시간을 넘어가면 중간에 자리를 박차고 일어나고 싶어지지 않는가? 그와 마찬가지다.

또한 '무슨 질문을 해야 할지 모르는 상태'라고도 생각해볼 수 있다.

한 시간의 프레젠테이션이 끝났을 때 처음 10분 동안의 내용을 정확히 기억할 수 있을까? 꽤 흐릿해지지 않았을까? 그 상태로 질문을 떠올리는 것은 불가능에 가깝다.

설사 질문이 떠오른다고 해도 '지금 할 질문이 아니다'라는 생각에 손을 들지 못할 수도 있다. 그 내용에 대해서 발표자가 이미 설명했을지도 모르기 때문이다.

적극적인 질문이 나오지 않으면 프레젠테이션은 실패다

여기서 중요한 사실 하나를 짚고 넘어가자. 상대방이 건설적인 질문을 하지 않으면 그 프레젠테이션이 성공할 가능성은 0에 가깝다고 봐야 한다.

사람은 이야기를 들을 때만이 아니라 스스로 질문을 하는 과정에서도 더 관심을 가지게 된다. 질문을 하지 않는다는 것은 관심이 없다는 말일 가능성이 크다. 따라서 한 시간짜리 프레젠테이션이라면 2~3회로 나눠서 질문 시간을 갖자.

사람은 20분 정도 집중력을 유지할 수 있다. 여기에 맞춰 프레젠테이션 시간을 포함해 질문 타이밍을 설정하면 된다. 질문 시간을 가지면 상대방은 지나간 20분을 돌아볼 수 있다.

이런 식으로 중간중간 질문 시간을 가지며 프레젠테이션을 마치고 나면 "마지막으로 5분간 중요한 점을 정리하겠습니다"라는 말과 함께 프레젠테이션 내용을 되짚어준다. 아무리 20분 단위로 질문 시간을 가졌더라도 처음 부분의 내용은 역시 기억하기 어렵기 때문이다.

그리고 마지막으로 "질문 있으십니까?"라는 말로 마무리한다. 그러면 질문이 쏟아질 때가 있다. 방금 프레젠테이션 내용을 되짚어주었기에 상대방은 쉽게 질문을 떠올릴 수 있다.

프레젠테이션에서 '질문이 없다 = 완벽한 프레젠테이션'이라고 생각하지 마라. 질문하기 쉽도록 이야기를 끌어가야 한다는 점을 명심하자.

관 철 력

36

뻔뻔함 ■□□□□
매너 ■■■■□

장점 다음에
단점을 말하라

단점을 먼저 지적하면
그 후에 아무리 많은 장점을 이야기해도 단점만 기억한다.
하지만 처음에 장점을 이야기하면
그 후에 단점을 지적해도 상대방은 장점을 떠올린다.

처음에 단점을 지적한 후에 "그래도 이 부분은 좋았다"라고 말하는 상사가 있다. 그 상사는 나름 격려해주려는 의도였겠지만, 듣는 사람에게는 조금도 도움이 되지 않는다.

하지만 정반대로 지적하는 사람도 있다.

"이 기획서 아주 좋았어. 고객의 마음을 움직일 수 있을 것 같아. 그런데 조금만 더 완성도를 높이기 위해서 여기 세 군데만 수정하면 어떨까?"

어떤가? 이렇게 말하면 기분이 상할 리가 없다.

누구나 칭찬을 들으면 당연히 기분이 좋아진다. 그 후에 잘못을 지적당했다고 해도 칭찬받은 기억이 더 크게 남는다.

하지만 처음부터 단점을 지적당하면 어떨까? 당연히 우울해진다. 그 후에 칭찬을 들어도 우울한 기분은 나아지지 않는다. 단점을 지적하면 마음속 깊숙이 파고드는 법이다.

세일즈 미팅에서도 단점을 먼저 지적해서는 안 된다. 애당초 프레젠테이션을 하는 제품이나 서비스가 120% 완벽한 경우는 없다. '고성능에 파격적인 가격'을 가진 제품은 그리 흔치 않다. '고성능이지만 가격은 비싼' 제품이 일반적이다.

그렇다고 프레젠테이션 자리에서 단점이나 부족한 점을 언급하지 않을 수는 없다. 언급하지 않으면 나중에 더 큰 문제가 발생할 수 있다.

다만 단점과 부족한 점을 처음부터 언급할 필요는 없다는 말이다. 앞에서 말했듯이 나중에 장점을 설명해도 이미 머릿속 한구석에는 '하지만 비싼 걸'이라는 생각이 남게 된다.

물론 단점이 장점을 모두 지워버릴 만한 내용이라면 아무리 장점을 먼저 말한다 해도 효과는 없으니 이 점은 주의하자. 바꿔 말하면 그런 제안은 프레젠테이션을 할 의미가 없다.

관 철 력
37

뻔뻔함 ■■■■□
매너 ■■■■■

상대방의 자료는
너덜너덜해질 때까지
활용하라

프레젠테이션을 하기 전에 참고용으로 받은 자료를
대수롭지 않게 넘겨서는 안 된다.
감사의 마음을 전하며 동시에
꼼꼼히 살펴보았다는 인상을 풍겨라!
때로는 인덱스를 붙여서 들고 가자.

프레젠테이션을 할 때 사전에 고객사의 자료나 참고 도서를 받는 경우가 있다. 아마 당신도 "괜찮으시면 한번 읽어보세요"라며 자료를 건네받거나 우편으로 받은 경험이 있을 것이다. 그런 자료는 보통 프레젠테이션 자리에도 들고 간다.

그런데 애초에 상대방은 왜 자료를 먼저 주는 걸까? 당연히 프레젠테이션 준비에 도움이 되기를 바라서다. 따라서 확실히 읽었다는 인상을 주어야 한다.

최소한의 매너로 프레젠테이션 자리에서 "주신 자료가 많은 도움이 되었습니다" 정도의 감사 인사는 해야 한다. 이 한마디를 하지 않는 사람이 의외로 많다.

여기까지가 초급편이다. 나는 그 자료를 꼼꼼히 살펴보았다는 것을 알 수 있는 상태로 만들어 프레젠테이션 자리에 들고 간다. 그리고 이렇게 말한다.

"몇 번이나 읽었더니 이렇게 너덜너덜해졌습니다. 기껏 생각해서 챙겨주신 자료인데 죄송합니다."

이 말에 불쾌해하는 사람은 단 한 명도 없다. 상대는 빙긋 웃어줄 것이다.

여기서 한발 더 나아가 나는 자료의 중요한 부분에 형광펜으로 밑줄을 그어둔다. 별로 중요한 자료가 아니었더라도 밑줄을 긋거나 메모를 달아둔다.

이외에 또 하나 궁극의 전략이 있다. 바로 인덱스 붙이기다. 우리 출판 학교 학생 중에는 세미나에 내 저서를 들고 오는 사람이 많은데, 그 책에 여러 개의 인덱스가 달려있을 때 나는 제일 기쁘다.

그 사실을 깨닫고 난 후부터 나도 자료에 인덱스를 붙이고 있다. 형광펜으로 밑줄을 긋는 행동은 상대방이 볼 수 있도록 해야 한다는 귀찮은 면이 있기도 하다.

하지만 인덱스는 싫든 좋든 상대방의 눈에 들어갈 수밖에 없다. 그러면 상대방은 '와, 열심히 읽었구나' 하고 감격할 수밖에 없다.

고작 10분이면 할 수 있는 행동으로 고객에게 감동을 줄 수 있다.

관철력

38

뻔뻔함 ■■■■□
매너　■□□□□

SNS에
'좋아요'를 남발하지 마라

SNS에서 항상 '좋아요'를 누르면
'좋아요'의 가치가 떨어진다.
세일즈 미팅 전후에 상대의 글에 '좋아요'를 누르면
상대방은 기분이 좋아져 당신에게 호감을 느낀다.

당신은 페이스북 같은 SNS를 하는가? 나는 페이스북에 점심으로 먹은 음식 사진을 올리거나 내 책의 증쇄 소식을 알리기도 하면서 즐겁게 활용하고 있다.

사람들은 어째서 SNS를 할까? 답은 간단하다. 인정 욕구를 채우고 싶어서다.

나는 SNS로 친구들만이 아니라 고객들과도 소통하고 있다.

그렇다고 해서 고객과 사적으로 친하게 지내고 싶다는 것은 아니다. 물론 좋은 관계를 만들고 싶다는 목적도 있지만, 가장 큰 이유는 세일즈 미팅에 큰 도움이 되기 때문이다.

다만 평소처럼 SNS를 사용하면 세일즈 미팅에 별 도움이 되지 않는다. 비즈니스에서 SNS를 유용하게 활용하려면 꼭 지켜야 할 점이 있다.

우선 '좋아요'를 함부로 누르지 말 것!

'좋아요'를 남발하면 여기서도 인플레이션이 일어나 당신의 '좋아요'는 가치가 떨어진다.

또한 너무 자주 '좋아요'를 눌러도 한가한 사람으로 보일 수 있다. 능력이 없는 사람으로 인식될 지도 모르는 일이다.

내가 SNS에서 '좋아요'를 누르는 기준은 다음과 같다.

내 출판 세미나에 참가한 사람과 SNS 친구가 되었다면 그 사람이 출판 학교 강좌를 신청할 때쯤 '좋아요'를 누른다. 또는 고객과의 회의 전후에 상대방이 올린 글에 '좋아요'를 누르기도 한다.

자주 '좋아요'를 누르지 않았던 사람이 반응을 보였다는 사실에 상대방은 무의식중에 기분이 좋아진다. 그 상태로 회의나 프레젠테이션을 하면 분위기가 한층 부드러워진다.

그리고 '좋아요' 이상으로 효과 만점인 행동으로 내가 가끔 쓰는 방법이 댓글 달기다. 그 사람과 조금 더 가까워지고 싶을 때 나는 댓글을 단다.

고작 SNS라고 생각할 수 있지만, 요즘엔 이만한 것이 없다. 세일즈 미팅에서는 SNS조차도 잘 활용해서 제안이 통과할 확률을 올리겠다는 마음가짐이 중요하다.

프레젠테이션에서
가장 중요한 부분은 '제목'

프레젠테이션 창을 띄우거나 자료를 건넸을 때
상대방의 눈은 가장 먼저 '제목'에 꽂힌다.
대충 붙이면 프레젠테이션에 관한 관심을 떨어뜨릴 수 있다.
상대방의 구미를 당길 만한 제목으로 마음을 사로잡아라!

프레젠테이션 자료를 준비할 때 대부분 '제목'은 대충 적당한 것으로 붙이는 경우가 많다.

당신은 요리책을 살 때 가장 먼저 무엇을 확인하는가? 아마도 제목일 것이다. 국물 요리책을 찾고 있다면 제목에 '국'이라는 단어가 들어간 책에 먼저 눈이 간다.

프레젠테이션 창을 띄우거나 자료를 건넬 때도 마찬가지다. 우리는 제일 먼저 제목부터 확인한다. 여기서 대충 적당히 붙인 제목이 눈에 들어오면 상대방의 관심은 단번에 식어버린다. '음, 왠지 기대랑 다를 것 같아'라며 부정적인 생각을 할 수도 있다.

제목은 당신의 생각보다 훨씬 중요한 역할을 한다.

그렇다면 어떤 제목이 좋을까? 답은 하나다. '자신에게 이득이 된다'라는 사실을 한눈에 알 수 있는 제목이다. 예를 들면 '시간을 단축할 수 있는 획기적인 개혁 3가지'라는 식이다. 상대방이 보는 순간 바로 '우리 회사에 꼭 필요한 제안'이라고 생각할 수 있는 제목을 붙이자. 보는 순간 바로 느껴져야 한다. 10초 동안 생각해서 겨우 알 수 있는 제목은 이미 글렀다.

제목을 생각할 때는 온라인 서적 판매 사이트를 참고하는 것도 좋은 방법이다. 재택근무에 관한 프레젠테이션을 할 때는 서적 판매 사이트에서 '원격 근무, 재택근무'를 검색해보면 다양한 힌트를 얻을 수 있다.

또한 프레젠테이션 첫 장은 제목 하나만으로는 부족하다. 제목을 뒷받침하는 부제도 반드시 있어야 한다. 부제는 상대에게 '얻을 수 있는 효과'를 설명하는 역할을 한다.

"이 시스템을 사용하면 직원의 야근 시간을 한 시간 줄일 수 있어, 결과적으로 연간 10억 원을 절약할 수 있습니다"라는 식이다.

프레젠테이션 제목은 당신의 생각보다 훨씬 더 강하게 사람들의 뇌리에 박힌다. 보통은 프레젠테이션 창을 띄운 채로 몇 분간 진행 방향 등을 설명한다. 그 사이에 고객은 계속 제목을 보게 된다. 제목은 당신의 생각보다 훨씬 중요하다는 것을 명심하라!

기쁜 소식은
전화로 먼저 전하라

요즘은 전화보다 이메일을 더 많이 쓰는 시대지만
모든 일을 문자나 메일로 처리해서는 안 된다!
기쁜 소식이라면 메일보다 전화가
상대방을 더 기분 좋게 만든다.

요즘은 고객과 전화보다 이메일을 주고받는 일이 더 많다. 확실히 전화는 상대방이 바빠서 정신이 없는 상황에 억지로 비집고 들어가게 된다. 그래서 볼 일이 있으면 그냥 메일로 보내자는 마음이 든다.

나 역시 전화가 왔을 때 메일로 보내도 충분한 사안인데 '왜 굳이 전화했을까'라고 생각하는 사람이었다.

하지만 한 출판사에서 걸려 온 한 통의 전화를 계기로 지금은 생각이 달라졌다.

"마츠오 씨! 지금 증쇄가 결정됐습니다!"

이 전화를 받았을 때 나는 진심으로 뛸 듯이 기뻤다. 다른 출판사의 담당자들은 보통 증쇄 소식을 메일로 알렸는데, 전화로 듣는 편이 그보다 몇 배는 기분 좋았다.

어째서 그럴까? 책이 잘 팔려서 증쇄하게 되었기 때문만은 아니다. '담당자가 일부러 전화를 걸어주었구나'라는 생각이 더 긍정적으로 작용했기 때문이다.

그래서 나는 기쁜 소식은 우선 전화로 전한다. 예를 들어 세일즈 미팅에서 상대와 가격을 협상하려 한다고 하자. 일단 회사로 돌아와서 상사에게 가격을 낮추라는 승인을 받았다면 그때는 메일이 아니라 전화로 그 소식을 전한다.

"가격을 낮출 수 있겠습니다!"라며 흥분한 목소리로 말하면 상대는 나를 '우리 회사를 위해 열심히 움직이는 사람'이라 생각하게 된다. 그리고 그런 생각은 앞으로도 함께 일하고 싶다는 생각으로 이어진다.

다만 이때도 상대방에게 "혹시 모르니 나중에 메일로도 보내드리겠습니다"라고 말해야 한다. 전화는 이력이 남지 않으니 나중에 무슨 말을 했는지 기억하지 못하는 상황이 있을 수 있기 때문이다.

참고로 안 좋은 소식은 전화로 전할 필요가 없다. 서로 껄끄럽기만 할 뿐이니 메일로도 충분하다.

로우볼 테크닉을
사기가 아닌 기술로 써라

상대를 기만하는 행위로 알려진 '로우볼 테크닉'.
하지만 고객을 속이지 않는다는 전제에서 사용하면
상대방을 만족시키는 결과를 불러온다.
로우볼 테크닉을 '시간'과 엮어서 구사하는 것도
하나의 전략이다.

'로우볼 테크닉Low Ball Technic'이라는 말을 들어본 적이 있는가? 이른바 쉽게 받아들일 수 있는 조건을 먼저 내걸어 상대의 승낙을 받아내고, 그다음에 조금씩 불리한 조건을 들이미는 심리 기법이다.

불리한 조건은 거절하면 그만이라고 생각할 수도 있지만, 사람은 일관성의 법칙에 따라 그 조건도 수락하게 된다.

일관성의 법칙은 한 번 정한 행동이나 발언을 지키려 하는 인간의 심리를 말한다. 어느 가게 앞에 '90% 세일'이라는 포스터가 붙어있다고 하자. 그 포스터를 본 사람은 대부분 사야겠다고 생각한다. 하지만 가게 안에 들어가 보면 90% 할인하는 상품은 매우 일부에 불과하고, 정작 마음에 드는 상품은 고작 5%만 할인한다. 그래도 직원에게 그 상품의 상섬을 듣다 보면 '한 번은 사려고 했었으니까'라며 그대로 사버린다.

로우볼 테크닉은 사기 상술로도 알려진 수법으로 잘못 사용하면 큰 타격을 입을 수 있다. 계약 철회 보증 기간에 반품이 들어온다면 당신의 평판은 돌이킬 수 없을 만큼 바닥으로 곤두박질칠 것이다.

로우볼 테크닉을 금전적 부분과 엮어서 사용하면 앞서 말한 것처럼 사기 수법이 되므로 절대 해서는 안 된다.

하지만 한 상품을 제안하고 상대의 구매 의욕이 높아진 상태에서 더 유익한 정보를 제공하는 방법으로 로우볼 테크닉을 선하게 사용할 수도 있다.

예를 들면 상품으로 에어컨을 추천한 다음, 더 좋은 기종을 '전기 사용량이 절반'이라는 점을 강조하며 보여준다. 거짓말은 아니기에 문제는 되지 않는다.

또 하나, 로우볼 테크닉을 시간과 엮어서 사용하는 방법도 있다. 어떻게 해서든 고객과 이야기할 시간을 얻어내고 싶다면 상대에게 이렇게 부탁해보자.

"5분이라도 좋으니 시간 좀 내주실 수 있을까요?"

갑자기 한 시간만 내달라고 하면 거절당하겠지만, 5분이라면 상대는 시간을 내줄지도 모른다.

그다음은 제품이나 서비스를 열심히 설명하기만 하면 된다. 그 결과 상대가 좋은 상품이라고 느끼면 5분이 지나도 계속 이야기를 들어줄 것이다. 바로 이때 '일단 이야기를 듣기로 했으니까'라는 일관성의 법칙이 강하게 작용한다.

관 철 력

42

뻔뻔함 ■□□□□□
매너 ■■■■■■

용건만 말하지 마라!
'왜냐하면 효과'를 이용하라

프레젠테이션에서는 기존 기능을
굳이 언급하지 않을 때가 많다.
하지만 상대방은 잘 모를 수도 있다.
일부러라도 언급하면 떠올릴 수 있으니
항상 '상대는 모를 수도 있다'라는 생각으로 이야기하라.

2020년 신종 코로나바이러스 사태로 슈퍼나 편의점 입구에 이런 안내문이 붙었다.

"본 점포는 신종 코로나바이러스 예방 대책으로 점원이 마스크를 착용하고 있습니다. 아무쪼록 양해 부탁드립니다."

전 국민이 마스크를 착용하고 있는데, 굳이 일일이 안내할 필요가 있을까 싶었다. 하지만 거의 모든 가게에 이런 안내문이 붙었다.

사실 이는 사전에 발생할 수 있는 문제를 차단하기 위한 대책이다. 신종 코로나바이러스 시대 이전에는 점원이 마스크를 쓰고 있으면 불쾌해하는 사람도 있었다. 그런 사람 중 일부는 아무리 신종 코로나바이러스 사태가 심각해도 마스크를 쓴 점원을 보면 불만을 드러낸다.

하지만 안내문 한 장만 붙이면 그 불만이 싹 사라진다. 안내문을 보면 '코로나 바이러스 시대니까 어쩔 수 없다'라는 마음이 생기기 때문이다.

이런 심리적 현상을 '왜냐하면 효과'라고 한다. 다른 사람에게 부탁할 때 그 이유를 정확히 전달하면 상대의 이해를 얻을 수 있디는 이론이다.

굳이 말할 필요 없는 것도 확실히 짚고 넘어간다

복사기 앞에서 오랫동안 순서를 기다리고 있는데 뒷사람이 "죄송하지만 제가 먼저 쓰면 안 될까요?"라고 한다면 순간 짜증이 난다. 하지만 "죄송하지만, 저는 한 장만 하면 되는데 제가 먼저 쓰면 안 될까요?"라고 한다면 아마도 "그러세요"라고 대답할 것이다. 이것이 바로 '왜냐하면 효과'가 작용한 사례다.

세일즈 미팅에서도 '왜냐하면 효과'를 반드시 의식해야 한다.

어째서 이 제품이나 서비스가 좋은지, 그 이유를 설명해야 상대가 이해할 수 있다. 그리고 그 이유가 많으면 많을수록 상대는 더 쉽게 이해한다. 앞에서 언급한 복사기 사례에서도 "죄송합니다만, 급한 일이 있어서요. 한 장만 하면 되는데…"라고 이유를 추가하면 더 쉽게 양보받을 수 있다.

프레젠테이션에서는 이미 서로가 알고 있는 사항은 생략하려는 경향이 크다. 시간이 많지 않으니 결정적인 부분을 더 강조하는 편이 낫다는 생각에서다. 하지만 옳지 않은 행동이다.

"이것이 새로운 기능입니다. 어떠십니까?"

"이것이 새로운 기능입니다. 당연히 기존에 있던 A, B, C, D 기능도 갖추고 있으니, 바쁘실 때는 새로운 기능을 쓰고 평소에는 기존의 기능을 사용할 수 있습니다."

어떤가? 후자의 프레젠테이션이 더 낫다는 사실을 알 수 있다. 상대방이 이미 다 알고 있다는 편견을 버려라. 그 제품이나 서비스의 장점은 빠짐없이 전부 전달해야 한다.

예스의 법칙,
다섯 번의 '예스'를 끌어내라

사람은 기본적으로 '노!'를 외치고 싶어 한다.
하지만 처음부터 반복해서 '예스'를 말하게 하면
어느새 상대방의 뇌는 '예스 모드'가 된다.
세일즈 미팅에서도 상대방을 예스 모드로 만들고 나서
본론으로 들어가자.

일본 후지 TV에서 2014년까지 방송되었던 예능 프로그램 '웃어도 좋다고!'의 첫 번째 코너였던 '텔레폰 쇼킹'에서 진행자인 일본의 국민MC 타모리는 항상 방청석을 향해서 "오늘 날씨가 참 좋네요!"라고 말을 걸었다. 그러면 방청석에서 "네!"라는 대답이 나왔다. 이렇게 '네'라는 대답을 몇 번 반복하게 하는 방식이 이 방송의 패턴이었다.

그는 어째서 방청객이 "네!"라는 말을 반복하도록 유도했을까? 그들의 뇌를 '예스 모드'로 만들기 위해서였다.

사람은 여러 번 '예스'라고 대답하고 나면 왠지 '노'라는 말을 꺼내기 어려워한다. 타모리는 그런 심리를 이용해 방청객과 하나가 되려고 한 것이다. 나는 이 프로그램의 방청객 호응이 좋았던 것이 전부 타모리 덕분이라고 생각한다.

포인트는 '네!'라고 다섯 번 정도 반복하게 만드는 것! 한 번으로는 부족하다. 예스 모드로 들어가려면 어느 정도 반복이 필요하다.

세일즈 미팅에서도 상대방의 뇌를 예스 모드로 만들면 제안 성공률이 올라간다. 예를 들어 사내 회의에서 업무 개선 관련 제안을 한다고 하자. 이때 갑자기 본론을 꺼내면 주변에서 '뭐야?'라는 반응이 나올 수 있다.

사람은 기본적으로 새로운 제안에 거부감을 느낀다. 제안을 통과시키면 처음부터 다시 쌓아가야 하기 때문이다.

그러니 먼저 회사 차원에서 과장 정도의 전결로 마무리할 수 있는 작은 제안을 서너 개 정도 꺼내, 참석차들의 뇌를 예스 모드로 만들어야 한다.

모두가 당연하다고 생각하는 개선안이 몇 개 정도는 있기 마련이다. 그런 제안부터 먼저 시작해보자. 퇴근 시 전원 끄기 캠페인 같은 것도 상관없다. 모두가 '맞아'라고 생각할 만한 제안을 하자.

그러면 회의에 모인 사람들의 마음이 하나로 뭉쳐진다. 기회는 이때다. 이럴 때 진짜 제안을 꺼낸다.

이미 '노!'라고 말하기 불편한 분위기가 조성되었기에 그 제안이 상식선에만 있다면 통과할 확률이 훨씬 높아진다.

어떻게 거절당할지 기대하라

계약을 따내고 싶다는 마음으로 프레젠테이션을 하면
긴장되어 만족스러운 발표를 하지 못한다.
거절당해도 괜찮다는 마음을 먹으면 말도 술술 잘 풀린다.
설령 거절당하더라도 상대방의 의견을
다음 프레젠테이션에 반영하면 된다.

44

세일즈 미팅에 참여한 사람은 누구나 계약을 따내고 싶어 한다. 하지만 나는 마음 한구석에 거절당해도 괜찮다는 생각을 품고 간다.

그래야 조금 더 편안하게 발표를 할 수 있다. '거절당하면 어쩌지?'라고 걱정부터 하면 긴장하기 마련이다. 그러다 보면 발표도 만족스럽게 진행되지 않는다. 물론 발표할 때는 어느 정도 긴장감을 유지해야 하지만 지나치면 프레젠테이션을 실패로 이끈다.

하지만 거절당해도 괜찮다는 마음을 가지면 상대에게 굽신거릴 필요 없이 정정당당하게 이야기할 수 있다. 이 또한 큰 장점이다. 그 결과 표정과 말, 행동에 여유가 생기고, 이는 상대방에게도 자신감 있는 모습으로 비친다.

여기까지는 초급편이다. 사실 내가 거절당해도 괜찮다는 자세를 취하는 가장 큰 이유는 이를 통해 많은 것을 배울 수 있기 때문이다.

프레젠테이션을 하는 중에는 상대방에게 다양한 의견을 들을 수 있다. 물론 단점을 지적당하기도 한다. 진지하게 그 의견을 받아들여 프레젠테이션을 수정해보자. 다음 프레젠테이션의 정확도를 올려서 도전할 수 있다.

보통 회사 외부 사람에게 이런 조언을 듣는 것은 매우 어렵다. 프레젠테이션이기에 이런 고급 조언을 공짜로 들을 수 있다고 생각하자.

생명보험회사 설계사로 상위권 매출을 올리고 있는 한 여성은 돌방 영업을 할 때 상대가 처음 만나는 사람이라면 '어떤 식으로 거절당할지' 기대된다고 한다. 어차피 거절할 테니 그 이유나 들어보자는 생각이다. 그녀는 그런 방식으로 거절하는 경향을 파악한다고 한다.

그렇게 생각하면 프레젠테이션에서 거절당하더라도 자료를 더 보완할 기회를 얻은 셈이 된다. 두 번, 세 번 거절당하더라도 품질을 두 배, 세 배로 올릴 기회라고 생각하면 된다.

분명한 점은 아무리 프레젠테이션의 달인이라고 해도 백발백중 계약을 따내는 일은 없다. 그러니 거절당하는 일로 고민하지 말자.

제5장

누구보다 매너 있게

그림과 그래프를
적극 이용하라

글자만으로는 상대방의 기억에 남을 수 없다.
프레젠테이션 자료를 작성할 때는
그림과 그래프를 적극 이용하라.
시각적 호소는 생생하게 전해지며 기억에도 잘 남는다.

출판 학교의 설명회에서 나는 항상 얼핏 비싸 보이는 '수강료 85만 엔'이 사실 출판 전체 과정을 생각하면 상당히 적절한 가격이라는 점을 공들여 설명한다. 85만 엔이면 중고로 경차를 살 수 있는 가격이다. 그저 단순히 "사실 싼 겁니다"라고 말해서 받아들일 수 있는 가격이 아니다.

그래서 나는 화이트보드에 자비 출판 시에 드는 비용(300 ~ 1,000만 엔)을 적고, 85만 엔이 출판 비용으로 사실 얼마나 저렴한 가격인지를 구체적으로 설명한다. 앞에서도 언급했지만 시각적 호소까지 더해져야 비로소 참가자들이 '정말 비싼 가격이 아니구나' 하고 실감한다.

사람의 언어 처리 능력은 우리가 생각하는 것보다 훨씬 좋지 않다. 게다가 글자로 본 정보는 금세 기억에서 지워진다.

하지만 그림이나 그래프가 있으면 생생하게 머리로 이해할 수 있다. 또한 시각을 통해 얻는 정보는 기억하기 쉽다는 장점도 있다.

얼굴은 기억이 나는데 이름이 생각나지 않았던 적이 있지 않은가? 그런데 이름은 생각이 나는데 얼굴이 떠오르지 않는 경우는 어떤가? 별로 없을 것이다. 다시 말해 시각 정보는 글자 정보보다 사람의 기억에 오래 남는다.

따라서 프레젠테이션 자료를 만들 때도 그림이나 그래프를 적극 활용해야 한다. 앞서 말했듯이 상대방이 이해하기 쉽고 기억에도 오래 남기 때문에 세일즈 미팅에서 그림과 그래프가 담당하는 역할은 매우 크다.

자료를 만들 때는 항상 '이건 그림으로 할까?', '그래프로 만들면 좋겠다'라는 생각을 해보자.

또한 그래프나 표는 엑셀 프로그램으로 만드는 것이 기본이지만 그대로 사용하면 깔끔하지 않아 좋은 인상을 주지 못할 수 있다. 그렇게 되면 별로 중요하지 않은 일을 하는 사람으로 보일 수 있다.

표를 만들 때는 선이 지나치게 많으면 지저분해 보일 수 있으니 먼저 쓸데없어 보이는 것은 지우자. 또한 줄 간격을 넓히거나 글자 크기를 바꾸면 훨씬 보기 편해진다.

그림이나 그래프는 당신의 프레젠테이션 자료의 질을 높여주는 존재다. 보기 좋은 자료로 고객의 마음을 사로잡아보자!

프레젠테이션은
실물과 함께 한다

백문이 불여일견.
입으로 백 번 설명하는 것보다
한 번 실물을 보여주는 편이 낫다.
프레젠테이션 자리에 가능하면 실물을 보여줘라.
상대가 쉽게 이해하고 더 잘 기억한다.

나의 출판 세미나장에는 내가 출간한 저서 25권이 항상 테이블 위에 놓여 있다. 또 다른 테이블에는 지금까지 우리 출판 학교 수강생이 출간한 책 150권이 줄지어 진열되어 있다.

나는 실물을 진열하는 일에 상당히 비중을 두는 편이다. 앞에서도 언급했듯이 시각적으로 호소하면 생생하게 받아들이고 더 잘 기억하기 때문이다.

또한 사진이 아니라 실물을 가져다 놓으면 직접 자신의 눈으로 보고 책을 손으로 만져볼 수 있다. 이 행동을 통해서 '나도 책을 내고 싶다', '출판할 수 있을지도 몰라'라는 생각이 점점 짙어진다.

보통 냉장고를 사려고 마음먹었을 때 우리는 실물을 보기 위해 직접 전자제품 대리점에 간다. 인터넷에 있는 상품 설명만으로는 좋고 나쁨을 판단하기 어렵기 때문이다. 실제로 문을 여닫아보거나 채소 보관 칸의 크기를 확인한 후에 어떤 냉장고를 살지 정한다.

즉 아무리 열심히 말로 설명했다고 해도 중요한 것을 구매할 때는 결국 내 눈으로 실물을 보고 살지 말지를 정한다. 그래서 나는 실물 진열을 중요시한다.

또 한 가지 내가 신경 쓰는 부분은 실물을 하루 종일 진열해 두는 것이다. 그러면 좋든 싫든 세미나 참가자들의 눈에 띌 수밖에 없다. 나는 그 시간이 길면 길수록 접촉 빈도가 늘어나고 이해와 기억이 깊이를 더해간다고 믿는다.

이와 같이 세일즈 미팅에서도 실물을 활용해보자. 내가 아는 환자 간호용 냄새 제거 스프레이를 제조하는 한 벤처기업은 병원에 프레젠테이션하러 갈 때 암모니아 냄새가 나는 천 조각과 냄새 제거 스프레이를 가지고 간다. 그리고 "일단 한번 보시죠"라고 말을 꺼낸다고 한다. '백문이 불여일견'인 법이다.

제안하는 상품의 실물이 없다고 외치는 사람이 있을지도 모른다. 하지만 잘 생각해보라. 예를 들어 다이어트 식품을 판매한다고 했을 때 지방 10kg을 감량할 수 있다고 설명해야 한다면, 실제 지방과 비슷하게 만든 모형을 제시하면 시각적으로 효과가 좋을 것이다. 만약 에너지 절감이라는 주제로 '연간 1,000만 원의 절감 효과를 기대할 수 있다'라는 내용의 프레젠테이션을 한다면, 실제 1,000만 원을 가져가서 보여주면 어떨까? 다른 건 몰라도 체감 효과는 확실할 것이다.

관 철 력

47

뻔뻔함 ■■■■■
매너 ■■■■■

이야기는 끝까지 들어라

사람은 이야기를 듣기보다 하고 싶어 하는 동물이다.
상대방의 이야기를 끝까지 들으면
인정 욕구를 채워줄 수 있다.
또한 정보 수집을 위해서라도 귀를 기울여라.
이때 상대를 칭찬할 정보를 얻을 수 있다.

사람은 다른 사람의 이야기를 듣기보다는 자신의 이야기를 하
고 싶어 하는 동물이다. 동네 아주머니들이 모여서 각자 자기
이야기만 하는 모습을 본 적이 있을 것이다. 차분히 들어주는
사람은 한 명도 없더라도 말이다.

세일즈 미팅에서 기본적으로 프레젠테이션을 하는 사람이 말
을 한다. 하지만 인간은 본능적으로 이야기를 하고 싶어 하는
동물이니 때로는 듣는 쪽이 말을 많이 하기도 한다.

당신은 프레젠테이션 도중에 상대방이 말을 시작하면 어떻
게 하는가? 혹시 중간에 말을 끊지는 않는가? 그런 행동은 상
대의 인정 욕구를 채워주지 못할 뿐만 아니라 상대방을 불쾌하
게 만든다.

프레젠테이션 자리에서 상대방이 굳이 이야기를 꺼냈다는
것은 자신의 지식을 보여주고 싶어서일지도 모른다. 그렇다면
상대방이 이야기를 마칠 때까지 귀를 기울여 제대로 들어주어
야 한다. "과연 그렇군요", "맞습니다!"라고 맞장구를 쳐가면서

들으면 상대도 좋아한다. 상대방의 인정욕구를 채워주기 위해서라도 이야기는 끝까지 들어주자.

그리고 상대방의 이야기가 끝나면 "한 수 배웠습니다"라고 말하며 메모하자(46쪽 참고).

프레젠테이션 자리가 아니더라도 상대가 말을 시작하면 끊어서는 안 된다. 잡담이든 무슨 이야기든 일단 들어야 한다. 그래야 상대에 관한 정보를 얻을 수 있다.

세일즈 미팅에서는 본론에 들어가기 전에 상대를 칭찬하는 일이 중요하다(57쪽 참고). 보통 칭찬 포인트는 상대방의 이야기 속에 숨어 있을 때가 많다.

상대가 '얼마 전에 시계를 샀다'라는 말을 꺼냈다고 하자. "얼마 전에 시계를 샀어요. 아내를 설득하느라 애 좀 먹었죠. 하하." 나라면 이렇게 칭찬할 것이다. "저도 시계를 참 좋아합니다. 부인을 설득하셨다니 대단하시네요! 그 기술 꼭 좀 전수 부탁드립니다!"

'얼마 전에 시계를 샀다'에서 말을 끊어버리면 아내를 설득했다는 사실은 알 수 없다. 정보가 많으면 가위바위보에서 늦게 내는 사람이 유리한 것처럼 상대에게 맞는 반응을 보일 수 있다. 상대가 이야기를 시작하면 입에 지퍼를 채우자. 이것이 포인트다.

미소와
적당한 긴장감을 가져라

화난 얼굴은 상대가 당신에게 거리를 두게 만든다.
당신이 웃으면 상대방도 웃고,
편안하고 안정된 분위기를 조성할 수 있다.
또한 적당한 긴장감도 중요하다.
미소와 긴장감을 장착하고 프레젠테이션에 임하라!

세일즈 미팅에서 당신은 항상 웃는 표정을 짓고 있는가? 혹시 이야기에 몰두해 표정이 굳어 있지는 않은가? 그런 얼굴을 하고 있으면 상대는 이야기를 듣고 싶은 기분이 사라진다.

사람은 상대방의 표정에 맞춰 같은 얼굴을 하는 경향이 있다. 당신은 화를 내는 상대 앞에서 웃을 수 있는가? 이는 쉬운 일이 아니다.

한편 상대방이 웃고 있으면 자신도 모르게 자연스럽게 웃게 된다. 그리고 상대방의 이야기에도 적극적으로 귀를 기울이게 된다.

세일즈 미팅에서는 일단 상대가 이야기를 듣고 싶게 만들어야 한다. 미소는 사람과 사람을 이어주는 접착제기 때문이다.

또한 미소에는 상대를 안심하게 만드는 효과가 있다. 사람은 상대에게 경계심을 느끼지 않아야 일을 맡길 수 있다. 교활한 표정을 짓고 있는 사람을 보면 '이 사람과 함께해도 괜찮을까?' 싶어서 같이 일하고 싶지 않아진다.

지금까지 미소의 중요성에 관해 이야기했다. 하지만 세일즈 미팅에서는 너무 웃기만 해서도 안 된다. 약간 긴장하고 있는 듯한 분위기도 함께 풍겨야 한다. 당신이 신입사원 면접관이라면 다음 두 사람 중 누구를 채용하겠는가?

① 얼굴 가득 미소를 띠고 '면접 정도야 식은 죽 먹기지'라는 분위기를 풍기는 사람

② 약간 긴장한 모습으로 열심히 웃으려 노력하는 사람

아마도 대부분 ②번을 선택할 것이다.

우리 출판 학교의 수강생은 사장님부터 의사, 변호사 등 사회적으로 성공한 사람도 많다. 하지만 이런 사람들도 출판 오디션에서는 긴장한 표정이 또렷하게 보인다. 그런 표정을 보면 '꼭 책을 내주고 싶다'라는 마음이 생긴다.

나는 프레젠테이션을 시작하기 전에 "오늘은 긴장이 되네요"라는 말을 한다. 솔직히 이미 익숙해져 아무리 첫 대면 상대라도 별로 긴장하지는 않는다. 하지만 상대는 처음 보는 사람이다. 여유로운 모습을 보이면 과연 좋은 인상을 받을까? 그래서 나는 일부러 긴장한 척하기도 한다. 열심히 웃으려 노력하며 프레젠테이션을 한다.

관 철 력

49

뻔뻔함 ■■■■■■
매너 ■■■■■

프레젠테이션 전
식사는 고객사 근처에서

프레젠테이션 시간에 딱 맞춰서 도착하면 안 된다.
미리 도착해서 주변을 돌아보거나 식사를 하자.
이때 고객사가 있는 곳에서 칭찬할 소재를 찾을 수 있다.

앞에서도 말했지만 나는 약속 시간에 늦지 않으려고 고객사에서 가장 가까운 역에 한 시간 전에는 도착한다.

사실 그보다 더 빨리 두세 시간 전에 도착할 때도 많다. 고객사가 지방이면 전날 가서 숙박하기도 한다.

약속 시간을 지키려는 목적도 있지만, 또 한 가지는 고객사가 있는 곳에 대해 알고 싶다는 마음도 크다. 당신도 회사에 찾아온 고객에게 "회사 주변이 참 멋지네요"라는 말을 들으면 기분이 좋지 않은가? 나는 솔직히 기분이 좋다.

내 사무실은 녹차밭이 유명한 장소에 있는데, 상대에게 "차밭이 참 아름답네요"라는 말을 들으면 괜히 기분이 좋아진다. 여기서 "근처 가게에서 지역 특산물인 차를 마셔봤는데 아주 맛있었습니다"라는 말까지 들으면 기쁨은 배가 된다.

나는 상대가 있는 곳에 도착하면 우선 주변을 돌아본다. 이때 프레젠테이션을 하기 전 인사를 나눌 때 쓸 수 있는 소재를 발견할 수 있다.

예를 들어 도쿄 히가시무라야마시에 있는 회사를 찾아갔다면 역 앞에 서 있는 일본 국민 개그맨인 시무라 켄 나무는 빼놓을 수 없는 소재다. "시무라 켄 나무가 있어서 저도 모르게 인사를 했다니까요"라고 말하면 프레젠테이션의 분위기가 한층 부드러워진다.

또한 방문처 근처 식당에서 점심을 먹는다. 고객사 직원들도 점심을 나와서 먹는 경우가 많아 대화를 자연스럽게 이어갈 수 있다.

"오늘 언덕 아래 신호등이 있는 곳 근처에서 일본식 라면을 먹었습니다"라고 말하면 그 말을 시작으로 좋아하는 음식, 근처 맛집 등의 정보를 얻을 수 있다.

상대방을 칭찬하는 일이 얼마나 중요한지는 이미 앞에서 언급했다. 고객사가 있는 곳이나 그곳 음식에 관한 칭찬을 들어도 본인이 칭찬받은 것처럼 기쁜 법이다. 특히 지방에 있는 고객이라면 이 방법은 큰 효과를 발휘한다. 당신이 그 지역을 화제로 삼으면 동네 자랑이 시작되면서 프레젠테이션을 하기 전에 화기애애한 분위기를 조성할 수 있다.

관철력
50

뻔뻔함 ■■■■■
매너 ■■■■■

상대방의 이야기를 들을 때는
몸을 앞으로!

상대방의 이야기를 들을 때
호감을 불러올 수 있는 태도를 보이자.
팔이나 다리를 꼬는 행동은 절대 금물!
맞장구를 치면서 몸을 앞으로 당겨 상대방의 눈을 봐라.

50

세일즈 미팅은 상대방의 이야기를 들어야 할 때도 많다. 이때 상대방의 말을 끊지 않는 것이 중요한데(186쪽 참고) 그 밖에도 조심해야 할 점이 또 있다.

무심코 하는 행동 중 하나가 팔짱을 끼고 듣는 자세다. 상대방의 이야기에 '그렇구나' 하고 감탄하면 저도 모르게 팔짱을 끼게 되는데 누군가는 이런 행동이 건방지다고 느낄 수 있다. 또한 팔짱을 끼면 상대방의 이야기를 거부하는 모습으로 보일 수도 있다.

다리를 꼬는 행동도 좋지 않다. 팔짱을 끼는 자세와 마찬가지로 거만해 보일 수 있다. 다리를 꼬는 버릇이 있는 사람은 무의식중에 그런 자세를 취하게 되니 항상 주의해야 한다.

그렇다면 어떤 자세가 상대방의 호감을 부를까? 나는 몸을 약간 앞으로 당긴 자세가 좋다고 생각한다. 내 지인 중에 연예인 취재를 자주 하는 작가가 있다. 그는 지금까지 기억에 남는 인물이 두 명 있다고 말했다. 펜싱의 오타 유키 선수와 개그맨

진나이 토모나리다. 그 두 사람이 인터뷰 중에 의자 등받이에 기대지 않고 몸을 앞으로 당긴 채 질문에 답하는 모습이 인상적이었다고 한다.

몸을 앞으로 당기는 행동은 상대에게 관심이 있다는 증거다. 말하는 사람은 '내 이야기에 귀 기울이고 있구나'라고 생각하게 된다.

맞장구도 중요하다. 상대가 이야기하는 중에는 말을 끊어서는 안 되지만, 그 사이사이에 맞장구를 쳐주는 것이 좋다. 몸을 앞으로 기울이는 행동과 마찬가지로 상대는 자신의 이야기에 '귀 기울이고 있다'라는 느낌을 받는다. "그렇군요, 아, 대단하네요, 맞습니다" 등의 추임새를 넣어보자.

그리고 상대의 이야기가 끝나면 들은 이야기를 요약해서 상대방에게 들려준다.

사람이 이야기하는 도중에 상대를 보지 않고 프레젠테이션 자료만 보는 사람도 있지만, 절대 해서는 안 되는 행동이다.

듣는 자세는 특별히 가르쳐 주는 사람이 없다 보니 개인차가 큰 영역이다. 감각이 있는 사람은 잘 알지만 그렇지 못한 사람은 전혀 모르는 일, 그것이 상대의 이야기를 듣는 태도다. 반대로 말하면 상대의 이야기를 잘 듣는 법을 안다면 그것만으로도 쉽게 당신의 평가를 올릴 수 있다.

뻔뻔함 ■■■■■

매너　■■■■

저도 그렇게 생각합니다

프레젠테이션에서 "그런데, 가격이 비싸네요"라는
말을 들었다면 절대 "그렇지 않습니다"라고 부정하지 마라.
부정하면 상대방은 자신의 전부를 거부당했다고 생각한다.
일단 "저도 그렇게 생각합니다"라고 동의하고
설명을 덧붙여가라.

프레젠테이션을 시작하기 전에 당신이 "오늘은 구름 한 점 없이 쾌청한 날씨네요"라고 인사를 건넸다고 하자. 그때 상대방이 이렇게 말했다면 어떨까?

"그런가요? 구름이 많이 끼었던데요."

왠지 기분이 상한다. 마치 나 자신을 부정당한 듯한 기분마저 든다. 이런 상태로는 중요한 프레젠테이션도 '어차피 거절할 게 뻔해'라는 생각에 의욕이 떨어진다.

여기서 하고 싶은 말은 상대방의 발언에 부정적인 말로 대답해서는 안 된다는 점이다.

상대방이 "○○ 씨는 사람이 참 좋죠?"라고 물었을 때 속으로는 '무슨 소리냐'며 반문하고 싶어도 겉으로는 "맞아요" 하며 맞장구쳐줘야 한다. 구름이 조금 끼어 있어도 "화창하네요! 기분 좋은 날씨에요!"라고 대답해야 한다.

프레젠테이션 자리에서도 무심코 "그렇지 않습니다"라고 외치고 싶을 때가 수도 없이 많다.

예를 들면 당신이 신제품의 특징을 설명했을 때 이런 말을 듣기도 한다.

"좋은 것 같은데, 좀 비싸지 않나요?"

자주 벌어지는 일이다. 그때 대부분은 "그렇지 않습니다"라고 무심코 말해버린다. 그러면 상대방은 자신의 의견을 부정당했다고 생각한다. 그 후에는 프레젠테이션에서 상대방의 발언에 계속 동의한다고 해도 이미 한 번 부정당한 기억에 끌리기 마련이라 당신에게 좋은 인상을 느끼지 못한다. 한 번의 부정으로 프레젠테이션 전체를 망칠 수 있다는 말이다.

비싸다는 말을 들으면 우선 인정하라

따라서 "비싸지 않습니다!"라고 말해서는 안 된다.

"맞습니다. 좀 그렇죠"라고 우선 비싸다는 사실을 인정하자. 그리고 이렇게 말한다.

"저도 그렇게 생각해서 이것저것 알아봤습니다만, 그 가격 이상의 장점이 아주 많았습니다."

냉정하게 생각하면 이 표현도 결국 부정이다. 하지만 듣는 쪽은 그렇게 생각하지 않는다.

그렇다면 "이 서비스는 품질도 가격도 형편없네요"라는 평가를 들었을 때는 어떻게 하면 좋을까?

그때는 일단 이야기를 끊고 회사로 돌아가는 것도 하나의 방법이다. 상대가 흥분해서 주먹이라도 휘두르고 싶은 기분일지도 모르기 때문이다.

일주일 뒤에 다시 미팅을 잡으면 상대방의 기분도 어느 정도 진정되었을 수 있다. '이 말에는 동조해도 별 의미가 없다'라고 생각된다면 시간을 두는 것도 고려해보자.

관철력

52

뻔뻔함 ■■■■■■

매너 ■■■■■

모든 고객과 눈을 맞추고
이야기하라

프레젠테이션 자료를 보면서 눈을 내리깔고 말하지 말라.

상대방에게 자신 없는 모습으로 보인다.

결정권자만이 아니라 한 사람 한 사람의 눈을 보고 이야기하라.

당신의 마음을 모두에게 전할 수 있다.

일본의 총리는 기자회견에서 항상 이야기할 때 카메라 너머에 있는 국민의 얼굴을 보려 하지 않는다. 눈앞에 있는 대본을 읽거나 오른쪽 대각선에 있는 원고를 띄워주는 장치, 프롬프터만 보고 말한다. 이에 따라 SNS에는 성의가 없다, 마음이 느껴지지 않는다 등의 비판이 잇따른다.

프레젠테이션에서도 자료를 내려다보며 얼굴을 들지 않은 채이야기하는 사람을 자주 볼 수 있다. 그런 태도로는 상대에게 마음을 전할 수 없다. 오히려 자기 제안에 자신이 없다는 인상을 준다.

그러니 우선 '상대방의 눈을 보고' 이야기해야 한다. 자료를 절대 보지 말라는 말은 아니지만, 가격이나 가장 큰 특징과 같이 프레젠테이션의 핵심이 되는 부분은 머릿속에 완벽히 집어넣고 상대방의 눈을 보며 말해야 한다.

프레젠테이션 청중은 보통 여러 명이다. 10명 이상일 때도 있다. 이때 당신은 누구와 눈을 맞추는가?

'전체적으로 본다'라고 말하는 사람도 있다. 하지만 전체를 보고 있으면 누구도 자신을 본다고 느끼지 못한다. 자료만 보고 말하는 것과 다른 바가 없어 안타깝다. 이 방법으로는 당신의 마음을 상대에게 전할 수 없다.

'결정권자만 본다'라고 말하는 사람도 있다. 하지만 이 또한 옳지 않다.

앞의 '피라미는 버려라'(20쪽 참고)에서도 언급했지만, 결정권자 외의 다른 사람의 기분을 상하게 하는 말이나 행동도 해서는 안 된다. 결정권자만 바라보며 프레젠테이션을 하면 다른 직원들은 틀림없이 불쾌함을 느낀다. '뭐야, 부장님한테만 잘 보이면 된다는 건가!'라고 생각할 수도 있다.

프레젠테이션에서 한 사람 한 사람과 눈을 맞추는 일은 매우 중요하다. 한 사람당 1초라도 상관없다. 시선을 교환하는 것이 중요하다. 0초와 1초는 큰 차이다. 또한 눈을 마주치면서 가끔 고개도 끄덕여주자. 이런 행동으로 서로의 신뢰를 쌓을 수 있다.

이때 잡일을 담당하는 신입사원과도 눈을 맞춰야 하다. 상대는 '나도 신경을 써주는구나'라는 생각에 기분이 좋아지고, 그는 승진한 이후에도 당신을 신입사원이었을 때 신경 써준 사람으로 기억하며 이런저런 편의를 봐주게 된다.

그냥 '부장님'이 아니라
'○○○ 부장님'

상대방의 성이나 이름을 붙이지 않고
'부장' 등의 직함으로만 부르는 것보다
이름을 붙여서 부르면 당신에 대한 호감도가 상승한다.
때에 따라서는 풀네임으로 불러보자.

우리 출판 학교 수강생들은 강의를 들을 때 가슴에 이름표를 단다. 수강생들이 많아서 이름을 전부 기억할 수 없기 때문에 마련한 조치다. 전에는 이름이 생각나지 않아서 그냥 '선생님'이라고 불렀는데, 이름을 부르는 것이 더 친근하고 특별하게 느껴질 것 같아 이름표를 달게 되었다.

사람은 그냥 직함을 부르는 것보다 '○○○ 씨'라고 이름을 불러주면 자신과 일대일로 진지하게 이야기한다는 느낌을 받는다. 반대로 이름을 불러주지 않으면 자신의 존재를 중요하게 생각하지 않는다고 믿는다. 따라서 관계를 발전시키고 싶다면 이름을 제대로 불러주는 것이 좋다.

세일즈 미팅에서 "부장님, 정확한 지적이십니다"라는 식으로 대부분 직함만 부르겠지만 그래서는 안 된다. 제대로 "○○○ 부장님, 정확한 지적이십니다"라고 말하는 게 좋다. 아무것도 아닌 것 같지만, 의식적으로 이름을 불러주면 당신의 호감도가 상승하는 계기가 된다.

또한 제일 중요한 부분에서는 '풀네임'을 불러보자.

예를 들어 제안이 통과했다면 "○○○ 부장님, 감사합니다"라고 말하며 고개를 숙인다. 풀네임을 부르면 더욱 정중한 느낌을 줄 수 있다. 결정적인 순간에 사용해보자.

이름 외에 회사명도 '귀사'가 아니라 구체적으로 불러야 한다. 특히 회사 대표나 임원들은 회사명에 상당한 애착을 느낀다. 회사 이름을 제대로 불러주면 상대방은 당신이 자기 회사를 제대로 대접한다고 여긴다.

관철력
54

뻔뻔함
매너 ■■■■■■

제출 기한은
상대방이 정하게 하라

수정안 제출을 요청한다면
스스로 기한을 정하지 말고 상대에게 확인하자.
상대방이 제시한 기한이
당신이 생각했던 것보다 긴 경우도 많다.
기한을 확보해 완성도를 높인 수정안으로
제안을 통과시켜라.

세일즈 미팅을 하다 보면 상대가 수정안 제출을 요구하는 일도 많다. 제안이 통과할 가능성이 전혀 없다면 수정안을 보내달라고 할 이유가 없다. 따라서 한발 전진한 상태라고 본다.

이때는 수정안의 질을 최고로 높여 고객사에 제출해야 한다. 다만 조심해야 할 부분이 수정안 제출 기한이다. 마감 기한이 길수록 고민할 수 있는 시간을 벌 수 있기 때문이다.

그래서 제출 기한은 상대방이 정하도록 해야 한다. 내가 생각한 기한과 고객이 생각한 기한이 반드시 일치한다는 보장은 없기 때문이다.

고객이 3일 정도는 기다려줄 것이라고 예상했지만, 이번 달 안으로만 제출해달라며 서두르지 않을 수도 있다.

이쪽에서 먼저 3일이라고 이야기하면 그만큼 제출 기한은 짧아지고 수정안도 서둘러서 만들어야 한다. 하지만 상대에게 먼저 기한을 물어보면 더 꼼꼼히 수정할 수 있는 시간을 얻을지도 모른다.

다만 반대의 경우도 있을 수 있다. 상대방이 당신의 예상보다 빨리 제출해달라고 할지도 모른다. 이런 경우에는 어떻게 대응해야 할까?

그 기한이 가능한 범위 안이라면 "알겠습니다. 최선을 다해보겠습니다", 상식 밖의 범위라면 상대에게 "좀 힘들 것 같습니다만, ○○ 부장님, 모레까지 제출해야 하는 이유를 여쭤봐도 되겠습니까?"라고 물어보자.

명확한 이유가 없다면 상대방은 "그럼 언제면 될 것 같습니까?"라고 물을 테고, 이때 가능한 날짜를 전달하면 된다.

상대방에게 서둘러야만 하는 이유가 있다면 어렵더라도 "알겠습니다"라고 대답해야 한다. 이 대화를 통해서 상대는 어려운 제안을 받아들인 당신에게 빚을 진 느낌을 받는다.

그러면 상대방도 미안한 마음이 생기고 내 제안이 통과할 확률도 높아진다. 그러니 밤을 새워서라도 고품질의 제안서를 완성해야 한다.

관 철 력

55

뻔뻔함 ■■□□□

매너 ■■■□□

동영상을
유용하게 활용하라

유튜브의 인기로
이제 동영상에 거부감을 느끼는 사람은 거의 없다.
프레젠테이션에서도 동영상을 사용하면
설득력을 높일 수 있다.
발표 도중에 끼워 넣으면 분위기를 전환할 수 있다.
2~3분짜리 동영상을 적극 활용하자.

예전에는 부동산 물건의 장점을 고객들에게 알리기 위해 홈쪽에 여러 장의 실내외 사진을 올렸다. 중고차 판매 사이트도 마찬가지였다.

하지만 요즘은 부동산 물건이나 자동차의 장점을 전하는 수단으로 사진이 아니라 주로 동영상을 이용한다. 얼마 전부터는 드론을 이용해 촬영한 부동산 물건도 늘어나고 있다.

굳이 말하자면 나는 처음에는 프레젠테이션에 동영상을 사용하는 것을 반대하는 편이었다. 연령대가 높은 임원급의 경우에는 동영상을 사용하면 거부감을 가질 수도 있기 때문이었다. 하지만 유튜브의 존재가 일반화되면서 시대도 변했다.

세일즈 미팅에서도 동영상을 사용해 서비스나 제품의 장점을 전달하는 시대가 되었다. 예를 들어 고객에게 부산에 있는 부동산을 추천할 때 해운대 바다를 사진으로 보여주는 것과 서핑을 즐기는 가족의 모습을 동영상으로 보여주는 것 중 어느 쪽이 설득력이 있을까? 모두가 동영상이라고 대답할 것이다.

프레젠테이션에서는 한 명의 화자가 계속 같은 톤으로 말을 하다 보니 청중의 집중력이 중간에 흐트러지기 쉽다. 이때 유용하게 활용하는 수단이 동영상이다. 중간에 동영상을 끼워 넣으면 분위기가 단번에 전환된다. 졸음을 쫓는 방법으로도 효과가 좋다.

다만 동영상이 재생되는 동안은 사람들의 대화가 끊어지니 너무 긴 동영상은 분위기를 깰 우려도 있다. 시간은 2~3분 정도짜리가 적당하다.

또한 동영상이 프레젠테이션의 흐름을 헤치지 않아야 한다. 지금까지 계속 파워포인트 화면을 보고 있었는데 중간에 닫고 유튜브에 접속하면 흐름이 깨져버린다.

파워포인트에는 동영상을 삽입할 수 있다. 방법은 인터넷에 다양하게 소개되어 있으니 검색해 참고하길 바란다.

한 조사에 따르면 사람은 새롭게 얻은 정보의 80%를 48시간 안에 잊어버린다고 합니다. 한편 새로 알게 된 정보를 48시간 안에 다른 사람에게 말하면, 즉 공유한다면 반대로 80% 이상 기억할 수 있다고 합니다.

다시 말해 다른 사람에게 가르쳐주는 행위를 통해 기억력이 4배나 증가한다는 의미입니다. 따라서 이 책을 읽고 '내용을 기억하고 싶다'고 생각하시는 분은 지금 당장 행동으로 옮겨주세요.

맞습니다. 48시간 이내에 행동으로 옮겨야 합니다.

이 책에서 익힌 관철력의 비법을 회사 동료나 친구들에게 가르쳐주고, 블로그나 페이스북, 트위터, 인스타그램에 리뷰나 스스로 실천하기로 한 사항을 올리고 공유하는 것도 효과적인 방법입니다. 또한 이 책의 비법을 더 많은 사람에게 널리 알려주시면 저자로서 큰 기쁨이 될 것입니다.

이 책을 읽고 저자인 저에게 조금이라도 관심이 생기신 분이 계신다면 주저하지 마시고 연락주세요. 제 메일 주소는 net@next-s.net입니다. 시간이 조금 걸릴 지라도 답장은 꼭 드리겠습니다. 페이스북도 제 이름인 마츠오 아키히토로 등록했습니다. 이 책《통하는 힘 관철력》을 읽은 독자라고 코멘트를 달아서 친구 요청을 해주세요.

그리고 이 책을 펼쳐 든 독자 여러분. 책은 읽는 사람인 독자가 없으면 존재할 의미가 없습니다. 제 책을 선택하고 읽어주셔서 감사합니다.

앞으로 이 책이 여러분의 관철력을 키우는 에너지가 되기를 바랍니다.

통하는 힘
관철력

초판 1쇄 인쇄 2023년 2월 10일
초판 1쇄 발행 2023년 2월 20일

지은이 마츠오 아키히토
옮긴이 황세정
펴낸이 정용수

편집장 김민정 **편집** 조혜린
디자인 김민지
영업·마케팅 김상연 정경민
제작 김동명 **관리** 윤지연

펴낸곳 ㈜예문아카이브
출판등록 2016년 8월 8일 제2016-000240호
주소 서울시 마포구 동교로18길 10 2층
문의전화 02-2038-3372 **주문전화** 031-955-0550 **팩스** 031-955-0660
이메일 archive.rights@gmail.com **홈쪽** ymarchive.com
인스타그램 yeamoon.arv

한국어판 출판권 © 예문아카이브, 2023
ISBN 979-11-6386-159-1 (03190)

㈜예문아카이브는 도서출판 예문사의 단행본 전문 출판 자회사입니다.
널리 이롭고 가치 있는 지식을 기록하겠습니다.
저작권법에 의하여 한국 내에서 보호를 받는 저작물이므로 무단 전재 및 복제를 금합니다.
이 책 내용의 전부 또는 일부를 이용하려면 반드시 저작권자와 ㈜예문아카이브의 서면 동의를 받아야 합니다.

∘ 책값은 뒤표지에 있습니다. 잘못 만들어진 책은 구입하신 곳에서 바꿔드립니다.